Claire Avalon

Channeling – Der Eingebung des Augenblicks folgen

AF288232

Des Menschen Wille

war seine Inkarnation

und jeder ist seines Karmas Schmied

Claire Avalon

Channeling
Der Eingebung des Augenblicks folgen

Verbindung zu den Lenkern
der 12 göttlichen Strahlen

||||||||||||||||||||||||||||||||||| SILBERSCHNUR  VERLAG

Copyright © 2014 der deutschen Ausgabe: Verlag »Die Silberschnur« GmbH

ISBN: 978-3-89845-468-1

1. Auflage 2015
2. Auflage 2016

Gestaltung & Satz: XPresentation, Güllesheim
Lektorat: Julia Kunze, M.A. Philosophie
Illustration El Morya: Getrude Pfeil
Coverillustration: Christine Schmidt
Umschlaggestaltung: XPresentation, Güllesheim; unter Verwendung eines Motivs von © Atropat, www.istockphoto.com
Druck: Finidr, s.r.o. Cesky Tesin

Verlag »Die Silberschnur« GmbH · Steinstr. 1 · 56593 Güllesheim
www.silberschnur.de · E-Mail: info@silberschnur.de

Inhalt

Vorwort der Autorin 9

Was bedeutet das Wort Channeling im
heutigen Sprachgebrauch für die Menschen? 13

Die Wege der geistigen Kommunikation 27

Das spirituelle Gehirn 31

Der Einstieg: Die Meditation 41

Das geistige Pendeln 45

Das intuitive Schreiben 51

Die mediale Arbeit im Dienst der Menschen
als Botschafter zwischen Geist und Materie 55

Ein Einblick in meine Arbeit als Medium
der Großen Weißen Bruderschaft 65

Wie wichtig ist das Karma? 73

Das Erkennen der Gegenwart und das
Umsetzen des Alten im Heute 81

Die Kommunikation mit der geistigen Ebene 89

Wie gehen wir mit neu gewonnenen Erkenntnissen um? 95

Die zwölf göttlichen Strahlen und ihre Lenker   99

1. Strahl: Lenker oder Chohan: EL MORYA   101
   Worte des Meisters El Morya
   Meditation zum blauen Strahl

2. Strahl: Lenker oder Chohan: Konfuzius   107
   Worte des Meisters Konfuzius
   Meditation zum goldgelben Strahl

3. Strahl: Lenkerin oder Chohan: Lady Rowena   114
   Worte der Meisterin Rowena
   Meditation zum rosa Strahl

4. Strahl: Lenker oder Chohan: Serapis Bey   121
   Worte des Meisters Serapis Bey
   Meditation zum weißen Strahl

5. Strahl: Lenker oder Chohan: Hilarion   127
   Worte des Meisters Hilarion
   Meditation zum grünen Strahl

6. Strahl: Lenkerin oder Chohan: Lady Nada   133
   Worte der Meisterin Nada
   Meditation zum roten Strahl

7. Strahl: Lenker oder Chohan: Saint Germain   139
   Worte des Meisters Saint Germain
   Meditation zum violetten Strahl

8. Strahl: Lenker oder Chohan: Maha Chohan   144
Worte des Maha Chohan
Meditation zum aquamarinfarbenen Strahl

9. Strahl: Lenker oder Chohan: Jesus   149
Worte des Weltenlehrers Jesus
Meditation zum magentafarbenen Strahl

10. Strahl: Lenker oder Chohan: Kuthumi   154
Worte des Weltenlehrers Kuthumi
Meditation zum goldenen Strahl

11. Strahl: Lenker oder Chohan: Maitreya   159
Worte von Maitreya
Meditation zum pfirsichfarbenen Strahl

12. Strahl: Lenker oder Chohan: Sanat Kumara   163
Worte von Sanat Kumara, dem Alten der Tage
Meditation zum opalfarbenen Strahl

Über die Autorin   168

El Morya

Vorwort der Autorin

Liebe Leser/innen,

seit vielen Jahren ist es meine Aufgabe, als Medium der Großen Weißen Bruderschaft dafür zu sorgen, dass die Menschen, die zu mir kommen, in die Verbindung mit ihrer geistigen Führung gehen können. Viele Aspekte werden dabei beleuchtet, wir brauchen dafür auch viel Zeit und Ruhe. Was mir jedoch von Anfang an am Herzen lag ist die Tatsache, dass jeder Mensch und jedes Tier seine eigene Verbindung aufbauen kann und soll. Wir leben in einer sehr unruhigen, aber auch Wachstum fördernden Zeit, die unsere Tage wie im Fluge verstreichen lässt. Oft fragt man sich, wie schnell ein Jahr wieder vergangen ist. Wir müssen ständig Entscheidungen treffen, unsere Welt neu gestalten, wir sind Prozessen und Konflikten ausgesetzt, und so ist es für jeden von uns sehr wichtig, zu wissen, dass wir geführt sind, dass man uns sieht und hört und dass wir uns auf diese geistige Ebene blindlings verlassen können. Allerdings müssen wir dann auch in der Lage sein, sie zu hören, die Impulse aufzunehmen und möglichst sofort umzusetzen.

Das Wort "Channeling" ist seit vielen Jahren im Sprachgebrauch. Ich habe mich aus vielerlei Gründen dazu entschlossen, es nicht mehr für meine Arbeit zu verwenden. Meine direkte Arbeit steht unter dem Motto: "Life schedule management oder Umgang mit dem Lebensplan". Wir haben für unser Leben einen Plan erstellt, und diesem wollen und müssen wir folgen, das heißt, wir müssen uns selbst managen, wollen wir unseren Plan optimal erfüllen. Dafür ist es sinnvoll, in der direkten Verbindung mit unserer geistigen Führung zu arbeiten, und zwar in jedem Moment unseres Daseins. Wir öffnen uns für die Impulse aus dieser Ebene, wir nehmen sie auf und setzen sie um, mehr wird von uns nicht verlangt. Jeder Moment des Lebens ist wichtig, wertvoll, kann unser ganzes Leben verändern. Deshalb sollten wir alle verstehen, dass es fatale Folgen haben kann, wenn man anstehende Entscheidungen, wichtige Schritte und Lösungen auf die lange Bank schiebt, weil man dafür erst ein "Channeling" benötigt. Es ist Mode geworden, ein Medium aufzusuchen, manche sprechen sogar von ihrem Medium wie in alten biblischen Zeiten. Da hatte jeder erfolgreiche Mensch sein Medium, das er auch für alles verantwortlich machen konnte. Diese Zeiten sind vorbei. Wenn es um das pulsierende Leben geht, das Jetzt, den Moment, müssen wir lernen, diesen Moment zu nutzen, den Augenblick als Gelegenheit zu sehen, Eingebungen, Impulsen zu folgen.

Ich versuche Ihnen in diesem Buch zu erklären, warum das so wichtig ist, welche Wege es gibt, "Channeling"

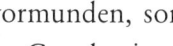

anders zu sehen, der Eingebung des Augenblicks zu folgen. Ich stelle Ihnen auch die Aufgestiegenen Meister der Weißen Bruderschaft vor, die nur darauf warten, Sie zu begleiten, nicht zu bevormunden, sondern als Freunde an Ihrer Seite zu stehen. Gerade sie sprechen oft in ihren Texten von der "Präzipitation". Präzipitieren bedeutet das Schaffen aus der Urmaterie. Ich habe dieses Thema in vielen meiner vorangegangenen Bücher erklärt und bearbeitet. Auch meine Seminare bieten hier eine gute Unterstützung. Wir werden beim Präzipitieren von allen Meistern, Erzengeln, Elohim und den atlantischen Priestern unterstützt. Es ist ein intelligenter Einsatz aller Energien von der Zielsetzung bis zum optimalen Ergebnis. So ist es umso vorteilhafter, wenn wir in der Lage sind, alle Impulse in jedem Augenblick aufzunehmen, und es ist ganz leicht, den Augenblick zu nutzen.

Dennoch bin ich jederzeit bereit, Sie an der Hand zu nehmen, Ihnen den Weg zu öffnen, damit Sie dann alleine weitergehen können. Jeder meiner Klienten darf meine Unterstützung zweimal in seinem Leben in Anspruch nehmen, dann ist er gefordert, zu zeigen, dass er es alleine schafft, und Sie können das auch. Ich durfte viele Menschen loslassen, aber mit Freude und Spannung, wie sie es meistern, und es macht Freude, die Erfolge zu sehen.

In diesem Sinne möchte ich mich an dieser Stelle bei den lieben und wertvollen Menschen von Herzen bedanken, die mir bei der Umsetzung dieses Buches geholfen haben.

Gertrude Pfeil, Tiziana Marino, Christine Schmidt und Julia Kunze sind Menschen, die ihren Weg im Sinne ihrer Lebensaufgabe ganz bewusst gehen, die ich schon viele Jahre kenne, und deren Mitarbeit an diesem Buch für mich sehr wichtig war. Vielen Dank für euer Vertrauen.

Salam Namaste – Claire Avalon

★ ★ ★ ★ ★

Was bedeutet das Wort Channeling im heutigen Sprachgebrauch für die Menschen?

Unter Channeling verstehen viele die Fähigkeit, mit einem Geistwesen auf spiritueller Ebene zu kommunizieren. Immer wieder wird mir die Frage gestellt, wie man diese Kommunikation in die Wege leiten kann, ohne sich selbst in die Irre zu führen, falschen Energien zu begegnen oder sein Ego ins Spiel zu bringen. Der Mensch strebt nach der Garantie für die Reinheit seines Geistes und dessen Ausdruck. Doch wie drückt sich der Geist aus? Kann er sich überhaupt ausdrücken? Welcher Werkzeuge bedient er sich dafür? Was ist der Geist, und was ist ein Geistwesen? Wie stehen beide miteinander in Verbindung? Viele Menschen sagen, sie sind zum Channeln nicht in der Lage, und sie setzen diese Fähigkeit für sich gar nicht voraus. Das sollten andere für sie übernehmen, Menschen, die dafür geboren sind, deren Aufgabe es ist. Hier fällt es leicht, zwischen Geist und Materie zu unterscheiden. Ein "Kanal", ein Mensch, den man dafür ausgesucht hat, wandelt für viele Betrachter zwischen den Ebenen hin und her, denn er wurde vermeintlich dafür ausgebildet. Trotzdem möchte man doch gerne, wenn auch unbeobachtet, dieses Terrain betreten, wenn möglich jedoch ohne einschneidende Konsequenzen, denn hier könnte man gleichzeitig in der Materie diverse Fehler begehen. Der Abstand zwischen Mystik und Realität verkleinert sich hier auf ein absolutes Minimum, man könnte sogar behaupten, dass er so minimal wird, dass der Mensch Angst hat, für den Bruchteil einer Sekunde zu denken, denn dieser Gedanke könnte schon eine Fehlinterpretation darstellen. Es ist, als wäre es möglich, einen gerade vernommenen Glockenton in einen Paukenschlag zu verwandeln, obwohl der Ton noch immer im Ohr schwingt. Resultierend aus meiner jahrelangen Erfahrung sage ich: Es gibt keinen "Kanal". Ein Mensch kann kein Kanal sein, denn dann wäre er ein gerades oder gebogenes Etwas, ein existierendes Wesen, das nur dazustehen und zu warten hat, dass etwas durch es hindurchfließen kann. Das ist ein Kanal, ein Verbindungsstück zwischen zwei Ebenen, das ausharrt und seiner Bestimmung dient. Wir Menschen sind keine Kanäle, sondern hoch empfindsame Wesen, die alle aus der gleichen Quelle stammen, nämlich aus dem Licht. Wenn das Licht unsere Quelle ist, dann sind wir logischerweise existierende Verbindungsstücke zwischen dem Licht und der Materie, in der wir uns jetzt befinden. Allerdings sind wir so wie die Tiere und die Pflanzen mit sehr sensiblen Antennen ausgestattet. Wir haben einen empfindsamen Körper mit all seinen Zellen,

Organen und Strukturen, wir fühlen und denken. All das macht unsere Persönlichkeit aus, und wir verfügen über eine Seele, das Höhere Selbst. Unser Kausalkörper, auch Lichtkörper genannt, hat nur positive Erfahrungen aus all unseren Leben gespeichert, alle Talente und Potenziale, ebenso die Energie aller kosmischen Strahlen. Durch diese kosmischen Strahlen sind wir mit unserer Urquelle, dem Licht, ständig verbunden. Es ist, als wären wir ständig über zwölf verschiedene Energiekabel mit dem göttlichen Schöpferlicht in Kontakt. Diese Kabel, auch Lichtstrahlen genannt, werden durch die Aufgestiegenen Meister der Großen Weißen Bruderschaft, die Weltenlehrer, Erzengel und die atlantischen Priester mit den reinsten Impulsen und Energien versorgt.

Unser physischer, emotionaler und mentaler Körper ist für uns Menschen jederzeit wahrnehmbar. Hier können wir ungestört Einfluss nehmen und unsere eigene Wahrnehmung prüfen. Wir wissen, dass wir über etwas nachdenken, dass wir ein Gefühl haben, und dass unser Körper reagiert, indem wir zum Beispiel Kälte oder Wärme spüren, uns unwohl oder leistungsfähig fühlen. Das ist die Materie, in der wir Dinge in Frage stellen können, weil wir es begründen können. Wir glauben bestimmte Aussagen nicht, wir wehren uns gegen Emotionen wie Neid und Eifersucht, und wir nehmen Gefühle wie Liebe und Vergebung gerne an. All das können wir diskutieren, verwerfen, neu aufrollen oder einfach in die Vergangenheit oder unbearbeitet in die Zukunft schieben. Das ist unser Recht, denn dafür sind wir Menschen. Tiere sind viel instinktiver, denn sie vertrauen mehr auf ihre feinen

Antennen. Sie haben gelernt, sich in Acht zu nehmen und zu verteidigen, wenn eine Gefahr auf sie zukommt. Dafür gehen sie nicht immer in die Offensive, sie diskutieren nicht, sondern sie ziehen sich zurück oder akzeptieren ihre momentane Handlungsunfähigkeit. Wir Menschen setzen den Intellekt ein und wollen nicht einfach aufgeben, weil wir Rechte erkennen, Vernunft ins Spiel bringen und zu viel denken. Wenn ich manchmal meine Katzen beobachte, spüre ich, dass sie denken und sehr schlau sind, aber sie versuchen nie, mich zu überzeugen. Das haben sie gar nicht nötig, denn sie "wissen", dass ich sie irgendwann verstehe, wann auch immer. Ich spreche auch mit ihnen, und ich habe gelernt, ihren Blick zu verstehen, ihre Gesten und ihr wohlwollendes Verständnis für mich. Tiere sehen dem Menschen vieles nach, weil sie irgendwie spüren, dass wir alle in der Materie zu viel denken. Und wie heißt es so schön: Zuviel denken stört den inneren Frieden.

Nur, all das erscheint dem Menschen nicht logisch, da man uns zum Denken erzogen hat. Wie viele dachten schon als kleines Kind: In dieser Familie muss ich irgendwie falsch sein, denn niemand "versteht" mich. Das Verstehen basiert auf unserer Sprache, dem Ausdruck und der intelligenten Aufnahme unserer Kommunikation. Auch mir erging es ähnlich. Ich habe mich als Kind viel zurückgezogen und mit mir selbst beschäftigt, wenn ich spürte, dass mich niemand verstand. Ich habe meine Familie nicht angezweifelt, aber ich spürte, es gibt eine andere Ebene, auf der man mich besser versteht. Ich fühlte sogar, dass es etwas Menschliches geben musste, etwas, das ich nicht sah, das mich aber besser kannte als meine Eltern und auch besser verstehen musste. Trotzdem sah ich nur mein Umfeld, und so begann ich schon sehr früh, mich "abzuseilen", indem ich einfach einschlief. Ich katapultierte mich in eine andere Ebene, während ich auf dem Boden saß und spielte. Meine Mutter fuhr mit mir in der Straßenbahn, damit ich nach zwei Kilometern wegdriften und woanders sein konnte. Wenn wir bei den Großeltern zu Besuch waren, musste ich immer Mittagsschlaf halten. In der Wohnküche stand eine Chaiselongue, wie man das bei uns im Saarland nannte, eine Art Sofa mit Nackenrolle, auf dem ich platziert wurde. Die Frauen waren mit ihrer Küchenarbeit beschäftigt, und ich konnte endlich die Augen zumachen und unter ihrem Gemurmel "verreisen". Aber ich konnte das auch sehr gut durch Krankheiten, indem ich mir Fieberzustände schuf, um mich aus diesem Alltag zu entfernen, der einfach zu anstrengend war. Erst als ich in der Schule war, änderte sich das zunehmend. Da musste ich mich anstrengen und aufmerksam sein. Ich erwähne das alles nur, um bei so manchem Leser ein Gefühl des Wiedererkennens zu erzeugen, denn sicherlich haben es viele ähnlich erlebt. Als Kind sind wir alle in der Lage, uns dem Geistigen sehr schnell und intensiv zu nähern. Im Jugend- und Erwachsenenalter reduziert sich das immer mehr, zumindest bei den meisten Menschen in unserer Kultur. Trotzdem ist ein Kind kein Kanal. Man ist als Kind noch nicht so stark in der Denkstruktur, was nicht heißt, dass Kinder keine Sorgen hätten. Es hat sich noch nicht so vieles angesammelt, was wir rekapitulieren und immer wieder durch- und zerdenken müssen. Wenn wir beginnen zu lernen und zu pauken, wird unser Verstand eingesetzt, denn wir sind dann in der Materie richtig angekommen. Je nach Energiestruktur und karmischen Gegebenheiten unseres Mentalkörpers werden wir sehr analytisch, idealistisch, erfolgsbetont, kreativ, lehrend, berechnend oder ordnend, aber die kindliche Leichtigkeit und Offenheit für Impulse und sagen wir ruhig auch märchenhafte Ideen oder Illusionen vergeht. Ein Kind ist ohne weiteres davon überzeugt, dass ein Engel mit ihm über die Straße geht, um es zu beschützen. Es hat Träume und Wünsche, die durchaus realistisch sind, aber von Erwachsenen oftmals nur belächelt werden. Vielleicht sollte man sich daran manchmal ein Beispiel nehmen und mit auf die Reise gehen.

Wir sehen also, ob Mensch oder Tier, ob Kind oder Erwachsener, wir haben unsere Verbindung in die geistige Ebene. Deshalb müssen wir diese Art von Kommunikation nicht erlernen, und es ist auch nicht erlernbar. Wir sind dazu erzogen, alles, was in unserem Verstand ankommt und dann sinnvoll ausgeführt wird, erlernen zu müssen. Manchmal drängt sich der Gedanke auf, Channeln, wir nennen es jetzt so, besteht aus Theorie und Praxis und kommt dem Erwerb des Führerscheins sehr nahe, das ist für mich der beste Vergleich. Man wird sogar von Lehrern "eingechannelt". Es liegt mir grundsätzlich nicht, Menschen, die sicherlich alle nur das Beste wollen, anzuzweifeln oder ihre Arbeit in Frage zu stellen, aber ich bitte wirklich darum, etwas realistischer zu sein. Wir werden auch nicht ausgesucht für diese Arbeit, wenn es denn in Arbeit ausarten soll. Für mich ist die Kommunikation mit der geistigen Ebene ein Geschenk, etwas, das uns bereichert, auch wenn es sehr anstrengend sein kann. Dennoch, man kann es nicht im herkömmlichen Sinne erlernen. Es ist nicht tragisch, diese Erkenntnis zu erlangen, da wir nur verstehen dürfen, dass unser mentaler Körper so ausgerichtet ist, dass er sich für alles eine Berechtigung erarbeiten muss. So sind wir erzogen, speziell in unserer Kultur. Zertifikate, Diplome, bestandene Prüfungen und die Genehmigung durch die Obrigkeit gestatten uns, ein angesehener Teil der Gesellschaft zu sein. Was aber, wenn bestimmte kommunikative Wege an unserem mentalen Körper, sprich Verstand, vorbeigehen? Meine geistige Führung hat es mir vor langer Zeit so erklärt:

Unser menschliches Gehirn ist für die geistige Ebene von je her unbrauchbar. Es ist ein wichtiger Teil der Materie, nämlich, um zu denken und uns am intelligenten Leben zu erhalten. Nun stelle man sich vor, zwischen beiden Gehirnhälften befindet sich ein Korridor, der keinerlei Türen nach rechts und links besitzt. Lediglich an beiden Enden kann Energie ein- und austreten. Energie aus der geistigen Ebene fließt in den Korridor hinein, durchquert ihn im Bereich des Gehirns und verlässt das Gehirn durch das Halschakra. Zur vollendeten Form kommen wir später. Aufgrund der Tatsache, dass die Energie ungestört und ungefärbt durch diesen Korridor fließen kann, ist die Verbindung zur geistigen Ebene rein und absolut geschützt. Beim Heilen ist es ähnlich, die Energie fließt durch die linke Hand ins Herzchakra, durchquert es und wird ungefiltert über die rechte Hand wieder abgegeben. Hier erklärt sich auch die Existenz des Geistes, denn der Geist ist die eigentliche Ebene der Kommunikation mit der geistigen Ebene, und wir wissen: Gleich und gleich gesellt sich gerne. Die Ebenen müssen sozusagen zusammenpassen. Der Geist ist losgelöst von der Materie, er ist im Geistigen, also kann er auch mit dem Geistigen sofort in Beziehung treten. Deshalb sage ich, weder der Geist noch die Seele können erkranken, da sich beide Bereiche unserer Existenz im Licht, respektive auf der geistigen Ebene befinden. Erkranken kann nur unser Ego auf allen Ebenen, mental, emotional und physisch. Beginnen jedoch die Medizin und die Psychologie das zu verstehen, müssen sie, um die Ursachen zu finden, Karma akzeptieren und auflösen helfen. Das nur nochmals am Rande zum besseren Verständnis.

Jede Form der Energiearbeit setzt natürlich vieles voraus, aber das ist nun reichlich bekannt. Nun stellt sich aber nach wie vor die Frage, wer in der Materie uns das alles beibringen soll, geschweige denn, wer uns prüfen und diese "Arbeit" genehmigen soll.

Außerdem dürfen wir nicht vergessen, dass jeder Mensch und jedes Tier energetisch anders ausgerichtet ist. Dieses Dilemma beginnt schon in der Schule. Alle müssen zur gleichen Zeit die gleichen Ergebnisse abliefern. Wir treffen vor der Inkarnation die Wahl, wie wir uns energetisch ausrichten, indem wir uns auf allen Ebenen mit der Energie der sieben

Strahlen ausstatten. Entsprechend denken, fühlen und handeln wir. Ein kurzes Beispiel: Ein Verstand, der mit der Grundenergie des grünen Strahles versorgt wurde, wird immer analytisch, forschend und kritisch sein, während ein Verstand, der mit dem weißen Strahl versorgt wurde, literarisch, kreativ, dramatisch, aber auch konzeptionell ist. Wenn wir uns nun vorstellen, man müsste alleine diesen beiden Mentalbereichen das "Channeln" beibringen, und das noch möglichst zum gleichen Zeitpunkt, wäre man reichlich überfordert und würde feststellen müssen, dass es nicht machbar ist. Diese beiden Personen könnten einen Lehrer zur Verzweiflung bringen, da er hier schon beim Erklären scheitern würde. Ginge es dann in die Praxis, würde der Erfolg in immer weitere Ferne rücken. Lernen und Lehren erfolgt über den Verstand, über das Gehirn. Geistige Kommunikation dagegen erfolgt über Energiebahnen, die am Gehirn vorbeigehen. Befinden wir uns im Lernprozess, denken, vergleichen, beurteilen und bewerten wir. Dann sind wir nicht frei für Impulse, denn wir erwarten etwas. Die geistige Ebene erreicht uns jederzeit, indem sie uns lediglich mit Impulsen versorgt, wann immer es dafür an der Zeit ist. Warum also sollten wir das erlernen? Menschen, die einfach loslassen und in die Erfahrung gehen, erhalten so wunderbare Geschenke von den Meistern und allen anderen Helfern, aber es ist unspektakulär. Man hausiert nicht damit, man stellt sich nicht auf Messen zur Schau, und man versammelt keine Menschentrauben um sich, denn je größer die Öffentlichkeit, um so schwerer ist es, die Energiestruktur rein zu halten. Das ist grundsätzlich nicht schlimm, allerdings muss man dann lernen, die Anteile des Egos herauszufiltern, denn es ist nur allzu logisch, dass das Ego dann sehr präsent sein muss, um sich zu schützen. Alles hat im Sinne unseres Wachstums seine Berechtigung, denn wir lernen alle, und wir sind alle bestrebt, zu unseren Urwurzeln zurückzukehren, damit die Reise ins Licht endlich stattfinden kann. Der Wunsch und der Wille der Menschen zur geistigen Kommunikation zeigt uns doch das Bestreben, am Aufstieg teilzunehmen. Eines sollte man jedoch verstehen: Ein Aufstieg und eine Annäherung ans Geistige setzt das Loslassen der Materie voraus. Hier schließt sich dann der Kreis, denn solange ich von Menschen lernen muss, solange mich Menschen "einweihen" müssen, bin ich in der Materie verankert und von Menschen abhängig. Das Vertrauen in die geistige Ebene kann man nicht erlernen und nicht erwerben. Es wird mir auch kein Diplom darüber ausgestellt, denn das Vertrauen kann auch wieder abnehmen oder verschwinden.

Ich möchte in diesem Buch gerne die verschiedenen Wege des "Channelns" aufzeigen. Ich verwende diesen Begriff der Einfachheit halber, obwohl ich ihn aus meinem Sprachgebrauch entlassen habe.

Ich arbeite nun seit gut zwanzig Jahren in meiner Lebensaufgabe als Medium der Großen Weißen Bruderschaft. Es ist wirklich eine Lebensaufgabe, und wir wissen, das ist eine Aufgabe, die uns das Leben aufgibt. So verstehe ich aber auch alle anderen Gebiete, wie zum Beispiel das geistige Heilen, künstlerische Fähigkeiten, analytische Begabungen,

Erfindungen und vieles mehr als Lebensaufgaben, die den Menschen durch die geistige Ebene angetragen werden. Als ich mit meiner Arbeit begann, widerfuhr mir gelegentlich etwas, das alle kennen, die als "medial" angesehen werden. Menschen, die zu mir kamen, meinten, für eine solche Arbeit und Aufgabe dürfte man kein Geld verlangen. Was geistig zur Verfügung gestellt würde, dürfe man nicht irdisch materiell bewerten. Mich hat das immer befremdet, und irgendwann war ich nicht mehr bereit, meine Arbeit, die sehr anstrengend ist, zu erklären. Es hat mich auch irgendwie traurig gemacht, aber das war wieder einmal mein Verstand, der die Menschen anzweifelte. Irgendwann sah mein "Chef" El Morya meine Gedanken mit Bedenken und sagte zu mir:

"Wenn du nochmals darauf angesprochen wirst, dann bitte die Menschen, sich zu überlegen, wer ihnen selbst die Kraft im Sinne ihrer Aufgabe verleiht. Frage sie, woher ein Arzt seine Kraft und sein Wissen bezieht, wie ein Künstler, ein Komponist seine Ideen erhält, oder wie ein Sportler zu Höchstleistungen fähig ist. Frage sie, welchen Gott oder welche geistige Kraft sie für sich in Anspruch nehmen. Wenn alle aus der gleichen Quelle stammen, erhalten auch alle aus ihr die Kraft und die Impulse."

Ich erkläre dieses Thema an dieser Stelle, weil ich sehr oft darauf angesprochen werde, und weil ich weiß, wie viele Menschen sogar an diesem Thema scheitern. Hier sieht man nämlich die Diskrepanz. Es scheint tatsächlich so zu sein, dass man die mediale Arbeit von allen anderen Arbeiten materiell abgrenzt. Alles andere soll in der Materie einen wirtschaftlichen Erfolg bringen, geistige Arbeit jedoch verdient nur den warmen Händedruck, vielleicht noch ein Dankeschön. Ich finde es wichtig, mit diesem Irrtum aufzuräumen. Wir müssen dahin kommen, dass wir verstehen, dass alle existierenden Wesen direkt mit der geistigen Ebene in Verbindung stehen. Es gibt unter den Menschen keine Elite, es ist alles eine Frage der Wahrnehmung und Umsetzung. Alles, was wir vierundzwanzig Stunden am Tag unternehmen oder unterlassen, folgt Impulsen aus dem Geistigen, denn wir bestehen aus Energie in verdichteter Form. Unsere Schichten des Egos, der ätherische, der emotionale, der mentale Körper und unsere Persönlichkeit können nur durch die Stabilisierung der Strahlenenergie aller sieben Strahlen existieren. Ich verweise hier auf mein Buch "Die Lichtstrahlen der Aufgestiegenen Meister". So ist es nur allzu logisch, dass wir alle über diese Strahlenenergie mit Impulsen versorgt werden. Die Frage ist, wie sieht unser Lebensplan aus, unsere Lebensaufgabe, denn daraus resultiert letzten Endes unsere eigene Wahrnehmung der geistigen Verbindung. Es gehört zu meiner Aufgabe, in der Arbeit mit den Menschen zu erkennen, wie sie energetisch aufgebaut sind. Dann ist es einfach, in der Zusammenarbeit mit den Meistern ihre Aufgaben und Qualitäten, auch die Schwächen zu deklarieren. Je nach Konstruktion eines Menschen auf der Energieebene ist dann ganz klar ersichtlich, ob er sich mit der Wahrnehmung der geistigen Impulse schwer tut, oder ob er sehr leicht und schnell in die Verbindung kommt. Ein stark analytischer, denkender Verstand, der wissenschaftlich sehr erfolgreich

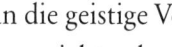

sein möchte, hat größere Probleme damit als ein Verstand, der träumt, philosophiert und loslässt. Beide Verstandestypen werden auch ganz unterschiedlich meditieren. Hier liegt es auf der Hand, dass man die geistige Verbindung, ihre Wahrnehmung und Deutung nicht erlernen kann, denn man müsste unseren Verstand umpolen, nicht zu sagen manipulieren. Ein Wissenschaftler, der verdienterweise sehr erfolgreich forscht und analysiert, hat auch das Recht auf Impulse von "oben". Setzen Sie ihn in ein Wochenendseminar und zwingen ihn, stundenlang zu meditieren, nachdem Sie ihm "das dritte Auge geöffnet" haben, und dann soll er auch noch visualisieren und darüber berichten. Er hört den anderen, die wer weiß was gesehen und gehört haben, stumm zu. Dieser Mensch erscheint nie wieder, denn er wähnt sich im Kreise von Spinnern, die ihn natürlich zum Versager abstempeln. Er ist halt ein "Kopfmensch" und wird herzlich umarmt und auf späteres Wachstum vertröstet. Nun stellt sich die Frage, wie man mit solchen Kandidaten umgeht, denn gerade das ist das Salz in der Suppe. Jeder ist dazu geschaffen, mit der geistigen Ebene zu kommunizieren, seine Impulse aufzunehmen, und zwar ohne fremde Hilfe.

Ich bin seit fast sechzehn Jahren in meinen Seminaren damit beschäftigt, die Teilnehmer an sich selbst wachsen zu lassen. Sie dürfen lernen, ganz in ihrem Rhythmus die Energien zu erkennen und auf ihre Weise wahrzunehmen. Nicht allen ist die Geduld dafür geschenkt, auch das liegt im mentalen Bereich. Dennoch erlebe ich es immer wieder, dass die Impulse ganz plötzlich fließen, doch das haben sie nicht von mir gelernt, sondern sie haben es zugelassen, ihren Verstand ausgeschaltet. Manche schreiben sehr viel auf, andere sitzen ganz gelassen da und erfahren ihre Dinge. Aber auch wenn "nichts" passiert, geschieht etwas. Man muss lernen, das zu akzeptieren. Jede Meditation ist eine geistige Reise, was immer wir davon ins Bewusstsein mitnehmen. Es kommt der Moment der klaren Wahrnehmung, und dann ist alles ganz leicht. Auch der klar strukturierte Denker nimmt an geistiger Schulung teil. Erlernbar ist es nicht, nur erfahrbar.

Die Wege der geistigen Kommunikation

Grundsätzlich gilt, dass wir alle unseren Verstand, den mentalen Körper, ausschalten müssen, um in die Verbindung mit der geistigen Welt zu gelangen. Es geht hier um die Wahrnehmung der Impulse, nicht um das Nachdenken, denn dann denken wir nach, wir zerdenken und werten. Für den westlichen Menschen ist das mentale Loslassen ein unglaubliches Unterfangen, da er von Kindheit an auf mental trainiert worden ist. Unser Tagesgeschehen hindert uns daran, neben unserem Verstand auch noch eine viel sensiblere Ebene der Wahrnehmung zuzulassen. Wir haben Angst, nicht mehr logisch zu denken und uns so selbst in die Irre zu führen. Das mag für alles zutreffen, was uns tagtäglich beruflich und privat zu Entscheidungen zwingt. Wir lernen frühzeitig, uns im allgemeinen Wettbewerb zu behaupten, das ist auch gut so. Dennoch wissen alle, dass es eine so genannte innere Stimme gibt, die uns warnt, plötzlich Ideen vermittelt, die uns kreativ sein lässt und die manchmal auch total unlogisch erscheint. Wie oft geschieht es, dass wir eine innere Stimme hören, die uns vor etwas warnen will. Wir folgen ihr nicht, weil es unlogisch ist. Dann, wenn das Ereignis vor der Tür steht, bedauern wir, dass wir unserer "Eingebung" nicht gefolgt sind. Es ist übrigens sehr ratsam, sich hier selbst zu testen. Man kann sich eine Art Tagebuch anlegen, in das man alles einträgt, was man an Eingebungen, inneren Stimmen usw. vernimmt. Später kann man dann überprüfen, wie man sich verhalten hat und oftmals bedauerlicherweise feststellen musste, dass man sich viele Erfahrungen hätte ersparen können.

Es stellt sich nun die Frage, wie man diese Wahrnehmung und Umsetzung der Eingebungen, inneren Stimmen und Impulse sinnvoll gestalten kann. Ich spreche hier bewusst nicht von "Trainieren", denn dann sind wir schon wieder beim Lernen und Denken. Wir müssen hier einfach unsere gute Erziehung "vergessen". Wer damit Probleme hat, sollte immer wieder an die Tiere denken, die auch nicht die Schulbank drücken und das Denken und Spekulieren lernen müssen. Intelligenz, Denken, vernünftig sein, aber auch intrigant und berechnend, gehört zum Leben und ist daraus nicht wegzudenken, die geistige Ebene jedoch braucht unser Gehirn, unseren Verstand nicht, um mit uns zu kommunizieren. Unser spirituelles Gehirn hat ganz andere Funktionen. Es hat keine physische Form wie unser normales Gehirn, ist demzufolge nicht untersuch- und messbar, und es entwickelt sich durch unser geistiges Wachstum. Seine Entwicklung und letztlich seine adäquate Nutzung hängen also davon ab, wie wir uns geistig aufbauen, an uns arbeiten und uns so logischerweise einem Aufstiegsprozess nähern. Das ist ein innerer Prozess, der wiederum nicht erlernbar ist, der auch nicht von Menschenhand eingeleitet werden kann. Nur wir alleine können diesen Prozess steuern und erfolgreich gestalten. Nachfolgend die Erklärung dieses Gehirns von Sanat Kumara.

Das spirituelle Gehirn

Auszug aus dem Buch »Sanat Kumara und
die Weiße Bruderschaft«

Die Erklärung von Sanat Kumara:

Das spirituelle Gehirn des Menschen befindet sich im Lichtkörper, und hier im Bereich des Stammhirns, dem ältesten Teil des Gehirns des menschlichen Wesens. Das heißt, es ist nicht im Mentalkörper zu suchen, da es eine übergeordnete Funktion besitzt. Der Mentalkörper jedoch ist der Speicher des mentalen Karmas und der mental-irdischen Abläufe. In der Querverbindung zum spirituellen Gehirn spielt der Ätherkörper wiederum eine große Rolle, da das menschliche Gehirn die Impulse des spirituellen Gehirns aufzunehmen und umzusetzen hat. Deshalb muss ein gewisses geistiges Wachstum vorausgesetzt werden. Es hat also einen Grund, weshalb das spirituelle Gehirn seinen Platz im Lichtkörper findet.

Der Kreuzungspunkt der Pyramiden der Medulla oblongata im Hirnstamm stellt optisch gesehen die Schablone des spirituellen Gehirns im Lichtkörper dar. Wir bezeichnen dieses Gehirn auch als das venusische, das spirituelle Perma-Zellen-System. Durch den Kreuzungspunkt im Mittelpunkt der Medulla oblongata ist das spirituelle Gehirn direkt mit dem Dritten Auge verbunden. Wir nennen diesen Punkt die "venusische Pforte". Dementsprechend erfolgt über diesen Punkt die Verbindung zum emotionalen Herz und zum präexistenziellen Körper. Das Dritte Auge, respektive die venusische Pforte, ist also die zentrale Schaltstelle zwischen Geist und Materie. Infolgedessen kann man sagen, die venusische Pforte ist die empfindlichste Stelle des gesamten Menschseins. Erfolgten oder erfolgen hier extreme Verletzungen, kommt es zu weitreichenden Komplikationen. Gerade auch die früheren Hinrichtungsmethoden durch Enthaupten führten zu extremen karmischen Blockaden hinsichtlich Intuition, Hellsicht und der geistigen Wahrnehmung generell. Gerade hier ist äußerste Vorsicht bei der Karmabearbeitung geboten. Auch Genickbrüche durch Stürze und Schläge verursachten ähnliche Komplikationen. Karmaanteile dieser Art müssen sehr vorsichtig und umsichtig gelöst werden, dies wiederum auf allen feinstofflichen Ebenen, ätherisch, emotional und mental.

Die venusische Pforte ist grundsätzlich zu schützen. Sie ist der direkte Zugang zu unserer Schulung und zur geistigen Kommunikation generell. Menschen, die nachts intensiv geistig geschult werden, sind in der Regel Seitenschläfer, die Rückenlage ist ihnen unangenehm. Diesbezüglich kann man anraten, Babys grundsätzlich in die Seitenlage zu bringen, um ihnen den ungehinderten Zugang zur geistigen

Schulung zu ermöglichen. Wir sagen: Erst der physische Tod und die letzte Bettung zur Ruhe erlaubt die Rückenlage. Ihr werdet kaum ein Tier beobachten können, das lange in der Rückenlage verharrt. Die Rückenlage macht jedes Wesen hilflos und erschwert die geistige Arbeit.

Das venusische, spirituelle Perma-Zellen-System ist vergleichbar mit einem ringförmig angeordneten Lichtkreislauf im Lichtkörper des Wesens. Es sind insgesamt sieben Zellen, die opal schimmernd leuchten. Alle Farben des Spektrums der geistigen Energie sind dort verankert. Dieses System kann keine negative Schwingung erfahren, es ist absolut geschützt und von jeglicher Karmabelastung unberührt. Deshalb ist der Zugang zu dieser Ebene im Lichtkörper nur dann möglich, wenn der mentale Körper in der Materie so weit von Karma befreit ist, dass wir sehen, der Mensch verfügt über einen Verstand, der lichterfüllt und nicht mehr berechnend ist. Negative Gedanken können sofort umgewandelt werden, und das gesamte Wissen wird zum Wohle aller eingesetzt. Selbst dann haben wir immer wieder Prüfungen anzusetzen, um die Qualität dieses Verstandes zu garantieren. Schon der geringste Zweifel im Verstand führt dazu, die Pforte wieder zu schließen.

Demzufolge kann man sagen, der mentale Verstand wird grundsätzlich über das Dritte Auge und die Meister geschult und unterstützt, nur so kann es geistigen Fortschritt geben, der dann die Öffnung der venusischen Pforte zum geeigneten Zeitpunkt einleitet. Diese Öffnung der venusischen Pforte setzt allerdings ein hohes geistiges Wachstum voraus, damit der Mensch erfahren darf, was Aufstieg wirklich bedeutet. Er darf sich prüfen, ob er in der Lage ist, auf einer anderen Ebene zu existieren, denn würde er diese Ebene erreichen, wäre keine Prüfung mehr möglich.

Nun zu den einzelnen Zellen neben der venusischen Pforte: Über die Öffnung der Pforte hat der Mensch den freien Zugang zu den Zellen des Systems.

Die Zelle der direkten Karmaablösung

Diese Zelle ermöglicht dem Menschen eine ungehinderte Schau des Karmas. Das bedeutet: Gerät der Mensch in karmische Strukturen, ist er in der Lage, die Ursachen unverzüglich wahrzunehmen, und hierfür bedarf er keiner menschlichen Hilfe. Die Meister, insbesondere Saint Germain, stehen ihm direkt zur Seite, um ungehindert die Bearbeitung in Gang zu setzen, wodurch das alltägliche Leben sehr anstrengend wird. Gleichzeitig jedoch ist es so möglich, körperliche und emotionale Blockaden, die sich als Kettenreaktionen zeigen würden, weitgehend zu verhindern, und da der Mensch versteht, dass kein zeitlicher Aufschub der Bearbeitung möglich ist, nutzt er die innere Einkehr, um an sich selbst zu arbeiten. Die Veränderungen und Ergebnisse in seinem Umfeld registriert und achtet er, wobei er niemanden auf seine Leistung aufmerksam macht, da positive Ergebnisse zum Alltag gehören. Diese Zelle erzeugt eine permanente Hochspannung, wodurch ein uneingeschränkter Wille zur karmischen Freiheit entsteht.

Die Zelle des Speichers der venusischen Energie

Diese Zelle wird von Lady Venus mit ständiger Energie versorgt, denn sie hat die stärkste Verbindung zum emotionalen Herzen und erzeugt eine allumfassende Liebe zu allen Wesen. Speziell das Tier wird zum lebensnotwendigen Partner des Menschen, da es das atlantische Lebensprinzip wachruft. Das venusische Bewusstsein legt sich wie eine zweite Haut über den Menschen, dadurch leuchtet er von innen und zeigt nach außen eine große Stärke. Daneben sind ihm eine gewisse Kühle und auch Distanz eigen. Er achtet auf seine Ernährung, die Reinheit seiner Nahrung und die Form der Nahrungsaufnahme gewinnen mehr und mehr an Bedeutung, und so weiß er, wie er seine irdische Nahrung zur Lichtnahrung macht. Ihm offenbarte Heilmethoden setzt er schweigend für sich ein, ohne andere davon überzeugen zu wollen, denn **sein** Körper ist **sein** Tempel, und das weiß er. Reinheit und Klarheit bestimmen sein körperliches und sein Weltbild, da die nächtliche venusische Schulung immer mehr in sein Bewusstsein dringt, und dieses zwingt ihn zur irdischen Manifestation der gewonnenen Erkenntnisse.

Die Zelle der übergeordneten Kommunikation mit dem Geist und dem Höheren Selbst

Diese Zelle profitiert von der Buddha-Energie und trennt Geist und Materie. Sie ist nicht mehr materiell orientiert. In dieser Kommunikationsebene "versteht" das Wesen sein komplettes Sein in all seinen Anteilen, sieht sich so als Teil eines großen Ganzen und lebt die Demut vor seinem eigenen

Kollektiv. Das Höhere Selbst zeigt ihm, wo und wie es existiert, was der Geist tatsächlich "sieht", und eine übergeordnete Sicht des gesamten Spektrums seiner Existenzen wird möglich. Der göttliche Plan seiner Monade wird sichtbar, die Integration der Monade kann langsam beginnen, und der Monadenstrahl der ursprünglichen Herkunft zeigt sich dann in allen Facetten und bietet dem Wesen so die Möglichkeit, sich in der Kommunikation mit all seinen existierenden Anteilen für den Aufstieg zu bewähren und bereit zu machen. Eine übergeordnete Sichtweise des monadischen Gesamtbildes und seines Zustands ermöglicht so eine intensivere Motivation aller Anteile und die Beschleunigung des geistigen Wachstums. Das Höhere Selbst wird zur einzigen beratenden Instanz, dies auf einer Ebene der absoluten Freiheit und Einsicht, denn hier ist bewusst: Der freie Wille ist reine Illusion.

Die Zelle der mentalen Kommunikation in der Materie
In dieser Zelle lagert die Fähigkeit, jegliche Kommunikation zwischen Mensch, Tier, Pflanze und Mineral ohne verbalen Ausdruck zu vollziehen. Einerseits befindet sich hier das Zentrum der Wahrnehmung und andererseits das des Ausdrucks, allerdings geht es hier nicht um das Gedankenlesen, sondern um die Wahrnehmung. Wahrnehmung ist frei von Angst, Zweifel und Urteil, denn sie akzeptiert und bewertet nicht mehr, auch wenn das Ergebnis nicht ganz zufriedenstellend ist. So kennt sie auch keinen Widerspruch, weil sie weiß, es ist so, wie es ist. Die mentale Kom-

munikation setzt voraus, dass sich jeder der Karmaanteile bewusst wird und bereit ist, sie zu bearbeiten, und deshalb muss sie nicht zwangsweise überzeugen, sondern sie lässt los und setzt jeden und alles seinen Erfahrungen aus. Überredungskunst obliegt dem Verstand, so auch die Kritik.

Im Ausdruck ist die mentale Kommunikation fair, klar und absolut wahrheitsgetreu. Sie überbrückt jegliche Entfernung und Zeit, und wo sie eintrifft, empfindet ein Wesen Wärme und gute Gedanken. Sie baut auf, ohne jemals dafür entlohnt zu werden, ihre Kraft ist heilsam, liebevoll und dennoch geradlinig. Dezente Hinweise werden vom anderen Wesen nicht als korrigierend, sondern als loyal betrachtet, denn jegliche Manipulation ist der mentalen Kommunikation fremd, da Loslassen und bedingungslose Liebe ihre Grundlagen sind. Hilarion ist der Schirmherr dieser Zelle.

Die Zelle der direkten Impulsfähigkeit

El Morya als Lenker der Weißen Bruderschaft kontrolliert und stabilisiert diese Zelle. Das Wesen wird hier immer wieder intensiven Prüfungen unterzogen, ob es in der Lage ist, auf jegliche menschliche Hilfe in Bezug auf die geistige Kommunikation zu verzichten. Es geht hier nicht mehr um ein irdisches oder geistiges Miteinander, denn nur der direkte Impuls kann ohne Zeitverzögerung sinnvoll und erfolgreich umgesetzt werden. Das irdische Leben ändert sein Gesicht von Sekunde zu Sekunde, denn Denken, Fühlen und Handeln, angebunden an die hohe geistige Energie, verlangt in jeder Sekunde ein verantwortungsvolles Verhalten. Die Meinung anderer ist nicht mehr gefragt, nur der klare Impuls aus der geistigen Ebene hat alles berücksichtigt, was in diesem Moment zur optimalen Verhaltensweise führt. Jeder irdische Gedanke, jede Emotion und jeder Zweifel würde nur dazu dienen, den Impuls zu verändern und somit karmischen Mustern auszusetzen. Das bedeutet, wenn das Wesen dem reinen Impuls folgen kann, verhindert es einerseits neuen Karmaaufbau, andererseits wird noch erforderliche Karmabearbeitung unverzüglich in Gang gesetzt. Wir nennen diese Impulse auch "Diamanten des Dritten Auges", und ihr wisst, ein Diamant hat höchste Schwingungen und kann seinen Träger intensiv prüfen.

In dieser Zelle befinden sich die Schaltstellen zu sämtlichen Meistern, Weltenlehrern und atlantischen Priestern, und wenn El Morya die Eignung des Anwärters geprüft hat, öffnet er die entsprechenden Kanäle.

Die Zelle der geistigen Verantwortung

Die Kontrolle dieser Zelle habe ich selbst übernommen, denn ich trage nach wie vor die Verantwortung für die Erde. Als ich seinerzeit die Erde verließ, um die Menschen der letzten Prüfung zur Aktivierung des Friedens auszusetzen, war es mein größtes Anliegen, die Entwicklung der Erdenmenschen weiterhin zu beobachten und zu lenken. Die geistige Verantwortung geht einher mit dem Willen zum Frieden, und wer Verantwortung für den Geist und die Materie übernehmen will, muss den Frieden "leben" als höchste Verantwortung im Universum.

Wir setzen alle Hoffnung in die Erdenbewohner, dass es ihnen gelingen möge, vielen anderen Planeten mit bestem Beispiel voranzugehen, um mein Werk, das ich ihnen ans Herz legte, zu vollenden. Bitte enttäuscht mich nicht. Ich habe euch seinerzeit vertraut, und es war mein größter Wunsch, die Erde in der gleichen Verantwortung zu sehen, in der die Venus schwingt. Diese geistige Verantwortung schützt alles Leben, jede Energie und sie schätzt jedes Wesen in seiner ureigensten Form. Sie führt zurück zum Ursprung, in euer altes Wissen, in euere Schwingung der Monade, und sie lässt euch Verbindungen erfahren und leben, die einzigartig und von Frieden geprägt sind. Diese Zelle wird als letzte aktiviert, und dann öffnet sie den direkten Weg zur Monade und ihrer Einheit, damit der Monadenstrahl eurer Monadenfamilie so in der Lage ist, euch zu vereinen und ins Licht zu begleiten. Dann ist es vollbracht.

Abschließend liegt mir noch eine Bemerkung sehr am Herzen, und dies gilt auch für das emotionale Herz und den präexistenziellen Körper: Es wäre äußerst vermessen und nicht wünschenswert, wenn sich Menschen wieder einmal die Fähigkeit anmaßen würden, andere in diese Ebenen einweihen zu dürfen. Nochmals: Sowohl der Zugang zum spirituellen Gehirn als auch der zum emotionalen Herz und zum präexistenziellen Körper ist unser Geschenk als Dank für euren geistigen Fortschritt. Den Rhythmus und den Zeitpunkt bestimmen wir mit euch gemeinsam, und kein

Wesen der Materie wird jemals die Möglichkeit haben, hier manipulierend einzugreifen. Seht euch in diesem Sinne wie Diamanten, die geschliffen werden müssen, doch das Werkzeug dafür besitzt kein Mensch.

Welche Wege gibt es nun, uns auf das Geistige einzustimmen, es zu "hören" und wahrzunehmen?

✦ ✦ ✦ ✦ ✦

Der Einstieg: Die Meditation

Es gibt unzählige Bücher über Meditation, sodass wir hier auf die Methoden nicht unbedingt gezielt eingehen müssen. Die Meditation ist für mich die Grundlage der geistigen Verbindung. Auch hier erlebe ich immer wieder, wie Menschen sich quälen und krampfhaft versuchen, erlernte Methoden folgsam zu beherrschen. Es gibt dafür nicht viele Regeln. Ein paar Dinge sind sinnvoll zu beachten. Man sollte sich gerne hinsetzen und in die Ruhe gehen wollen. Feste Uhrzeiten, Zwang und zeitliche Begrenzungen sind unsinnig. Es gibt Menschen, die im Laufe der Zeit herausfinden, wann für sie die besten Zeiten anzusetzen sind, aber das sind die Fortgeschrittenen. Es muss einfach "passen". Der Raum für unsere Stille, auch mit Musikbegleitung, ist wichtig. Es gibt Menschen, die schaffen sich ihren kleinen Altar dafür, Räucherstäbchen, Duftlampen, ein angenehmes Licht, und auch die Raumtemperatur spielen oft eine große Rolle, aber all das sollte sich im Laufe der Zeit ergeben und einspielen. Man soll für sich den Rahmen finden, denn nur dann fühlt man sich wohl und offen für alles, was kommt.

Die wichtigste Ausstattung ist ein gutes Meditationskissen oder auch ein Bänkchen, denn das Sitzen kann sonst zur Qual werden. Man sollte während der Meditation niemals liegen, denn sehr schnell schläft man ein und driftet weg. Durch das Sitzen behalten wir die Erdung, verlassen nicht den Körper und können uns gut an alles erinnern. Selbst wenn man anfangs auf dem Stuhl sitzt, bitte so sitzen, dass die Füße fest auf dem Boden stehen und der Rücken gerade aufgerichtet ist. Ein gutes Kissen ist eine einmalige Anschaffung und wird lange seine Dienste erfüllen.

Wer Musik oder auch eine geführte Anleitung, wie zum Beispiel meine geführten Meditationen in die Lichttempel der Meister liebt, kann sich so sehr gut orientieren. Trotzdem hat man manchmal das Bedürfnis, nichts zu hören, einfach still zu sein, und dann sollte man diesem Impuls auch folgen.

Das korrekte Atmen in die einzelnen Chakren ist Übungssache, so wird man ruhig und konzentriert, man geht nach innen und nimmt sich selbst wahr, und das ist der erste und beste Schritt. Wie lange man so sitzen kann, ist immer verschieden, auch von unserer Tagesform abhängig. Es muss nicht immer eine Stunde sein, auch zwanzig Minuten sind oft genug.

Wichtig ist immer wieder, dass man seine Form der Meditation herausfindet. Wer wie ich Katzensklave ist, hat es einfach. Eine meditierende Katze zu beobachten, ist das beste lebende Beispiel. Sie werden auch feststellen, dass sich die Katze an den Meditationen beteiligt, natürlich nur, wenn sie nichts Besseres zu tun hat. In der Regel sind Klang-schalen eine zusätzliche Verlockung für das Pelztier. Wie es sich mit Hunden verhält, kann ich leider nicht beurteilen, ist aber sicherlich ebenso interessant.

Nun gibt es aber auch Menschen, die nicht stillsitzen können. Sehr oft hängt es damit zusammen, dass die Ge-danken immer wieder kommen. Da hilft es oft, sich mit an-deren Techniken zu beschäftigen, sei es Yoga, Tai Chi, Qi Gong, autogenes Training, oder auch die rhythmische Me-ditation. Für viele ist auch der Spaziergang durch den Wald oder das Ausruhen am Meer oder in der Sonne Anlass genug, in sich einzutauchen. Unsere Sinne sollten einfach nicht durch andere Dinge und Ereignisse abgelenkt werden, denn dann denken, bewerten und sinnieren wir wieder.

Dennoch, für jeden ist es wichtig, seine Form der inneren Ruhe und geistigen Kommunikation zu finden. Es hat auch keinen Sinn, sich eine bestimmte Form beibringen zu lassen, denn sehr oft kann es die falsche sein.

Hat man seine Art der Meditation gefunden, wird man gelassener und aufnahmefähiger. Vergleichen kann man es auch mit einem gemütlichen Plätzchen, an dem man gerne liest. Hat man sich so eingerichtet, wie es stimmt, liest man gerne mal ein Buch, auch wenn man nicht so viel Zeit dafür hat. Da brennt dann auch vielleicht eine Kerze, leise Musik läuft im Hintergrund, das Licht ist passend, und vielleicht liegt die Katze auf dem Schoß. Wenn wir Meditation so in-szenieren und genießen können, ist es richtig. Sie ist kein Marathon, kein Sport und sie misst keine Leistung.

Wenn dann alles stimmt und wir bei uns sind, nur bei uns, dann sind wir auch auf dem Weg ins Geistige. Plötzlich kommen Impulse, Eingebungen, kreative Ideen, aber auch Aufwachmomente, indem uns klar wird, welche Fehler wir immer wieder machen. Im fortgeschrittenen Stadium können Bilder hochkommen, die wir mit dem dritten Auge wahrnehmen. Stellt sich dies nicht ein, ist das kein Verlust, denn nicht jeder kann sehr schnell visualisieren. Diese Fähigkeit hängt mit unserem spirituellen Gehirn zusammen. Oft sind es auch Emotionen, die an die Oberfläche drängen. All diese Aspekte sollten wir zulassen, nicht werten, sondern versuchen zu integrieren. Dann wird das Meditieren wirklich interessant, und vor allem spürt man sehr schnell, dass man diese Erfahrungen mit niemandem teilen kann, denn es sind sehr individuelle Wahrnehmungen, die jeder andere für sich bewerten würde. Man kann ein Tagebuch führen, um sich so selbst zu begleiten und auch zu prüfen.

Die Meditation sollte für jeden, der geistig kommunizieren möchte, obligatorisch sein, aber nicht als Zwang oder Leistung, sondern als Freude, dass wir von der geistigen Ebene eingeladen werden zum Austausch. Wenn wir es so betrachten, können wir uns selbst gelassener begegnen.

Das geistige Pendeln

Viele Menschen treten so ihren Weg in die geistige Kommunikation an. Dieser Weg kann eine sehr lange Reise einleiten, denn es ist in der Regel ein Weg der harten Erfahrungen. Ob es ein richtiges Pendel ist, ein Tensor oder Testgeräte vielfältiger Art, wir müssen immer bedenken, dass wir uns eines Mediums bedienen, das sehr gerne unserem Wunschdenken folgt. Es ist nicht verkehrt, so zu beginnen, allerdings muss man bereit sein, daran zu wachsen, bis man versteht, dass man diese Gerätschaften loslassen sollte. In dem Moment, in dem man sich einem Hilfsmittel ausliefert, ist es passiert, wir sind abhängig und verlieren den Blick für die Realität. Blindes Vertrauen in etwas, das sich von selbst bewegt oder Ergebnisse anzeigt, bedingt die Übertragung von Verantwortung, und dabei dürfen wir nicht vergessen, dass Dritte, die unter Umständen von diesen Ergebnissen betroffen sein können, uns als die Verantwortlichen in die Mitte stellen.

Wenn man es schafft, sämtliche Hilfsmittel als eigenständige Partner des Unterbewusstseins zu betrachten, kann das ganz gut funktionieren. Eines allerdings lernt im Laufe der

Zeit ein jeder: Für sich selbst geht gar nichts. Unser Wunschdenken, das reale Bewusstsein, die Ängste und Illusionen sind so mächtig, dass diese Kommunikatoren davor in die Knie gehen. Sie beugen sich unserer mentalen Kraft, und damit bekommen wir, was wir wollen. In Abständen ärgern wir uns dann über uns selbst und unseren Helfer, aber der Versuch ist ja nicht strafbar. Es kommt gelegentlich zu einem wahren Suchtverhalten, und der Teufelskreis wird immer intensiver.

Was ganz gut funktionieren kann, sind die Hinweise für andere, da wir uns in der Regel nicht so in andere hineindenken und fühlen können, dass wir beurteilen könnten, was da gerade als Antwort oder Hinweis kommt. Das heißt, wir entwickeln eine gewisse Neutralität, es sei denn, wir legen Wert auf Manipulation und missbrauchen den Helfer so, dass er unserer Meinung Folge leistet. Dafür brauchen wir dann aber auch kein Pendel oder Ähnliches, das können wir auch mit unseren Ratschlägen vollziehen.

Die Neutralität ist hier das Wichtigste. Ist sie vorhanden, kann jede dieser Techniken wunderbar funktionieren, auch für uns selbst. So mancher wähnt sich neutral, aber was geschieht, wenn uns Fragen oder Probleme eines Menschen tangieren oder unsere Sicht der Dinge in Frage stellen? Sind wir dann auch noch neutral? Diese Neutralität ist das Ergebnis einer großen Selbstbemeisterung, die eigentlich auch jeder Therapeut erlangen sollte. Es ist das emphatische Arbeiten, das Vermeiden von Übertragungen, all das, was die Psychologie lehrt.

Die geistige Ebene arbeitet in dieser Neutralität, indem sie uns den Plan vor Augen führt und uns gleichzeitig offen lässt, ob wir ihn in diesem Leben erfüllen möchten. Sie weiß, dass Zeit und Raum Illusionen sind und dass wir alle Zeit des Universums haben, unseren Plan zu erfüllen. Wir denken in Raum und Zeit, wir haben Angst, nicht alles zu schaffen, und wir haben auch Sorge, jemandem, der uns um Rat bittet, vielleicht falsch zu informieren, setzen uns unter Druck, dass es immer zum Erfolg kommen muss. Erfolg ist für uns ein Prädikat, eine qualitative Beurteilung. Ich erlebe manchmal, dass mich Menschen nach einer Sitzung oder einem Seminar verlassen und nicht wissen, ob sie das alles schaffen wollen oder können. Hier habe ich auch lernen dürfen, dass es nicht darauf ankommt, wie ich diese Beurteilung empfinde, sondern dass die Mühlen langsam, aber auch gerecht mahlen. Sehr oft traf ich Menschen nach Jahren, die mir dann sagten, dass sie lange gebraucht haben, den Sinn hinter allem zu verstehen, und die haben es dann sehr gut hinbekommen. El Morya sagte einmal zu mir: "Du hast den Samen gelegt, und es ist nicht deine Aufgabe, zu kontrollieren, ob er aufgeht. Überlasse das anderen Kräften." Das ist gut gesagt, und es dauerte Jahre, bis ich es verstand.

Wenn es uns also gelingt, diese Neutralität ebenfalls zu üben, nicht zu beurteilen, uns nicht zu sorgen um den anderen, oft auch um uns selbst, dann können wir diese Hilfsmittel nutzen. Und wenn das Ergebnis noch so unbefriedigend ist für den Moment und den Betroffenen, wir es dann so stehen lassen können, ohne doch noch etwas Gutes herauszuholen, dann wird sich zeigen, wie der andere damit arbeiten kann.

Gerade beim Pendeln ist es wichtig, die eigene Sprache zu entwickeln. Jedes Pendel reagiert anders. Das Pendel sollte auch so schwer wie möglich sein, es gibt welche, die man mit Sand füllen kann. Pendel aus Bergkristall zum Beispiel sind viel zu leicht. Und bitte nie den Ehering oder Ähnliches benutzen, das ist wirklich am Thema vorbei. Schwer, immer gut gereinigt und in der gleichen Schatulle aufbewahrt, von niemandem sonst in die Hand genommen, das sind gute Voraussetzungen.

Dann lässt man sich von seinem Pendel, Tensor, was auch immer genau erklären, wie kommuniziert wird. Welche Richtung bedeutet nein, ja, neutral, keine Auskunft. Diese Sprache ändert sich nie wieder. Kreisende Bewegungen sollten nur im Uhrzeigersinn geschehen.

Mit dieser Technik sollte man sich nur beschäftigen, wenn man sich absolut gut und gesund fühlt. Emotionsgeladene Stimmungen, Krankheit, Trauer und ähnliche Zustände sind schlechte Grundlagen. Dies gilt natürlich für jede Art der Energiearbeit mit Menschen.

Das Ziel dieses Einstiegs ist jedoch immer das Loslassen der Hilfsmittel, wenn man spürt, ja "weiß", dass es auch ohne geht. In dem Moment der Wahrnehmung der Antworten vor Einsatz des Hilfsmittels ist es spätestens soweit. Die Voraussetzungen ändern sich nie, es geht nur darum, eigenständig und impulsgesteuert zu werden. Für die geistige Ebene sollen wir jederzeit einsetzbar sein, an jedem Ort, in jeder Minute. Wir können nicht immer erst unser Pendel auspacken oder uns zur Meditation zurückziehen. Und wir haben auch nicht immer ein menschliches Medium greifbar, das wir befragen können. Es sind alles gangbare Wege zur eigenen Impulsfähigkeit, um der Eingebung des Augenblicks folgen zu können.

★ ★ ★ ★ ★

Das intuitive Schreiben

Auch das intuitive Schreiben kann eine gute Methode sein, los- und zuzulassen. Ob man es als Tagebuch betrachtet, oder als Notizen, um etwas zu verarbeiten, es bleibt uns überlassen, wie wir damit umgehen. Auch hier ist es wichtig, nicht zu denken, sondern einfach fließen zu lassen. Es geht niemanden etwas an, was wir da zu Papier bringen. Zunächst steht man an einem Punkt, an dem man etwas loswerden möchte, meistens sind es Sorgen, Probleme und Ängste. Papier ist sehr geduldig und es hält vieles aus. Man muss einfach beginnen, sich durch das Aufschreiben zu befreien, sich zu erinnern, zu ärgern und auch Gründe zu finden. Man schreibt sich die Seele frei, und das ist gut, denn so wird man offen für Impulse. Es kann sehr schnell gehen, dass plötzlich Worte fließen, die gar nicht im eigenen Verstand zuhause sind, dass Eingebungen kommen oder dass neue Ideen aufkeimen.

Auf diese Art und Weise kann man auch in die Karmabearbeitung einsteigen. Wenn man zum Beispiel über bestimmte karmische Strukturen informiert ist, wenn man Details kennt, die man durchlebt hat in einem anderen Leben, dann kann man versuchen, diese Informationen so aufzuschreiben, als wären sie eine Geschichte. Sehr schnell spürt man, wo Emotionen an die Oberfläche treten, wo Gedankenmuster zu finden sind, ja sogar physische Befindlichkeiten können sich äußern. All das gilt es dann zu notieren und zu verarbeiten. Man kann durch Randbemerkungen heutige Reaktionen festhalten, sodass man beispielsweise in späteren Rückführungen auf diese Details zurückgreifen kann. So kommt es sehr schnell zu erfolgreichen Auflösungen.

Mein erstes Buch war zum Beispiel ein Roman. Ich hatte in einer Zeitschrift eine Ausschreibung eines großen Verlags gelesen. Das Buch musste bestimmte inhaltliche Anforderungen erfüllen, und es waren noch genau sechs Wochen Zeit. Ich hatte nichts zu tun und dachte, das schaffst du allemal. Ich wollte es einfach versuchen. Dann begann ich zu schreiben. Es fiel mir zunächst sogar sehr leicht, da ich passend zum Thema frische Eindrücke von einem Urlaub in Kalifornien mitgebracht hatte. Ich erfand die Figuren und ließ sie auf der Bühne ihres Lebens spielen. Doch plötzlich, unerwartet und unerwünscht, begannen diese Genossen ihr eigenes Leben zu entwickeln. Sie liefen mir aus dem Ruder, alles wurde unversehens anders, was mich recht hilflos machte. Ich verlor die Lust, mich weiter damit zu beschäftigen. Trotzdem wollte ich mich an dem Wettbewerb beteiligen. Es ging nichts mehr, denn mir gefiel die Entwicklung gar nicht. Dennoch, es ergab alles einen Sinn, nur dass niemand mehr auf mich und meinen Verstand hörte.

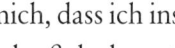

Eines Abends saß ich in der Meditation und versuchte abzuschalten. Nach ein paar Minuten kam der Impuls, mich wieder mit dem Manuskript zu beschäftigen. Ich folgte ihm auch, denn es wurmte mich, dass ich ins Stocken geraten war. Ich öffnete die Datei und saß da, konnte nicht mehr denken, und das war sehr gut. Aus der Meditation heraus war mein Denken noch ausgeschaltet. Und dann floss es einfach vor sich hin. Ich konnte den Figuren freien Raum lassen. Es war mir vollkommen egal, was sie sich vorstellten, ich hatte nichts mehr zu sagen. So lernte ich nach und nach, dass mein Kopf ein anderes Kino plante, als es die Wirklichkeit vorsah. Es war überhaupt nicht gewünscht, dass ich das Leben dieser Figuren planen und organisieren sollte. Sie lebten ihr eigenes Leben, und was dann zum Schluss dabei herauskam, war faszinierend. Das Ende des Buches sah ganz anders aus, als ich es mir erdacht hatte. Nach exakt sechs Wochen war ich fertig. Es wurde niemals gedruckt, liegt noch heute in meinem Archiv, aber ich hatte gelernt, beim Schreiben zu- und loszulassen. Hätte ich diese Übung nicht gemacht, wäre mit Sicherheit bis heute kein Buch mit den Aufgestiegenen Meistern entstanden.

Ein solches Schreiben muss kein Buch zur Folge haben, es kann auch hilfreich sein, Projekte zu entwickeln, Vorträge interessant zu gestalten, oder vielleicht Briefe zu schreiben, die das Herz und nicht den Verstand erreichen möchten. Auch das Vergeben und Verzeihen kann man so üben, man kann sich von Verstorbenen oder Personen, die uns verlassen haben, verabschieden. Man kann sich bedanken, auch kritisieren oder entschuldigen. Es hilft, Formulierungen zu finden, Peinlichkeiten zuzugeben, damit es später, wenn die reale Situation eintritt, leichter fällt, alles auszusprechen.

Je intensiver man solche Übungen zulässt, umso stärker kommt man in die Kommunikation mit der geistigen Ebene, denn man spürt dann irgendwann, ob jemand da ist, der zuhört und vielleicht auch ausgleicht, der uns zeigt, dass er bereit ist, die Informationen weiterzutragen, damit die Höheren Selbste miteinander kommunizieren können. Diese mentale Kommunikation ist sehr, sehr wichtig, und sie ist es wert, geübt zu werden. Es kommt dann der Moment, wo all das bereits in der Meditation stattfinden kann. Dann hat man große Schritte getan.

Diese Übungen erleichtern auch die spätere mentale Kommunikation mit der geistigen Ebene. Es wird immer leichter, unserem Verstand zu gestatten, Impulse über das dritte Auge zuzulassen und nicht darüber nachzudenken, denn die Impulse kommen aus dem Herzen. Wenn wir gelernt haben, diese Impulse wahrzunehmen und umzusetzen, brauchen wir uns über "Channeln" keine Gedanken mehr zu machen.

Ich darf an dieser Stelle auf mein Buch "Sanat Kumara und die Weiße Bruderschaft – Die Heimkehr der neuen Erde" verweisen. Dort wird exakt erklärt, wie unsere verschiedenen Ebenen, neben dem spirituellen Gehirn das emotionale Herz und der präexistenzielle Körper funktionieren. So fällt es uns leichter, die Illusion der Materie und das Geistige zu verstehen und miteinander in Einklang zu bringen.

Die mediale Arbeit im Dienst der Menschen als Botschafter zwischen Geist und Materie

Zunächst vielleicht ein paar Worte zu den verschiedenen Formen der medialen Arbeit, die auf ganz verschiedene Art und Weise erfolgen kann. Jedes Medium entwickelt im Laufe seines langen irdisch-geistigen Wandels seine ihm vor der Inkarnation übertragene Form des Arbeitens. Jeder Mensch, jedes Wesen legt vor seiner Inkarnation in Absprache mit seinen geistigen Helfern seine Lebensaufgabe fest. Diese Aufgabe gilt es im Laufe des Lebens zu entdecken und zu verwirklichen.

Die Kommunikation jedes Einzelnen mit der geistigen Führung ist eine grundlegende Basis für ein optimales Gelingen aller Projekte. Etwas anderes ist es aber nun, wenn ein Mensch mit der Aufgabe des medialen Arbeitens für andere Menschen ins Irdische entsandt wird. Das bedeutet dann, dass er sich mit Erlaubnis fremder Menschen mit deren Führung in

Verbindung setzt, um ihnen zu helfen, ihre eigene "Telefon-leitung" aufzubauen. Dafür muss die Grundlage geschaffen werden. Er muss behutsam mit allem vertraut gemacht werden, was für ihn nicht greifbar und beweisbar ist, das Vertrauen in etwas Unsichtbares muss wachsen. Auf diese Arbeit, die wirklich nicht leicht ist, muss ein Medium lange und gründlich vorbereitet werden. Hierzu gehört viel Menschenkenntnis, eine allumfassende Liebe, viel Geduld und Verständnis. Es ist nicht möglich, diese Arbeit irdisch zu erlernen. Diese Form der geistigen Arbeit wird vor der Inkarnation festgelegt. Das Medium wird mit diesen Gaben geboren und entwickelt sie im harten irdischen Training. Erst wenn alle menschlichen Voraussetzungen geschaffen sind, wenn alle Selbstzweifel verblasst sind und das Vertrauen in die geistige Ebene besteht, kann die Arbeit beginnen.

Dazu gehören noch viele andere Voraussetzungen, sowohl körperlicher als auch seelischer Natur. Die Chakren und feinstofflichen Körper müssen gereinigt und in Einklang gebracht werden, viel Karma muss bearbeitet und aufgelöst werden. Es muss eine Atmosphäre geschaffen werden auf allen Ebenen, die ein einwandfreies und ungestörtes Arbeiten gewährleistet. Ein Mensch, der stark körperlich und seelisch belastet ist, wird nie so frei sein, sich auf einen anderen Menschen ohne Ego und Emotion einstimmen zu können. Er kann nicht fließen lassen. Eigentlich kann man sagen, das ganze Leben eines Mediums bis zum Beginn der eigentlichen Arbeit ist die Ausbildung, das Training, die Transformation des Egos.

Das Ego muss erhalten bleiben, sonst verliert der Mensch seine Lebenskraft. Es muss nur transformiert werden, um sinngemäß zu unterstützen und nicht zu manipulieren. Es gibt so viele Feinheiten, fast wie bei einem Uhrwerk, die aufeinander abgestimmt werden müssen. Nur ein Beispiel: Die Stimmbänder des Mediums müssen ganz vorsichtig umgeformt werden. Die Stimme verändert sich je nach der Energie, die sich präsentiert.

Das Medium muss lernen, und das ist ein absolutes Muss, die Energien zu unterscheiden. Es übt sich einzustimmen auf die Energie, Lichtstrukturen zu den hohen Ebenen zu erfassen, die Energie zu sehen, zu fühlen und zu riechen, je nach Form der Hellsichtigkeit. Es gibt hierfür keine allgemeine Regel. Grundlegende Voraussetzungen sind die intensive Bereitschaft zur geduldigen Meditation, zur sprechenden Stille, zum einsamen Hören der Stimme des Meisters, nicht zuletzt zum Gebet, zur Dankbarkeit und Demut. Viele dieser Aspekte kann man in keinem Seminar vermitteln. Es sind Charaktermerkmale, angeborene und mitgebrachte Bereitschaft zum Dienen, sowohl irdisch als auch geistig. Sie bestimmen das Lebenselixier des Mediums.

Varianten der medialen Arbeit gibt es viele. So kennen wir die Arbeit im vollen Bewusstsein, in der Halbtrance oder in der Tieftrance. Meine Arbeit zum Beispiel schließt alle genannten Ebenen ein. Es kommt immer darauf an, woran ich gerade arbeite. Im Bewusstsein zum Beispiel schreibe gerade den größten Teil dieses Buches. Andere Bücher sind komplett in Volltrance entstanden. Hier muss ich meine Erfahrung niederschreiben, also muss mein Verstand eingeschaltet sein. Auch während der Arbeit mit Klienten vollzieht sich eine Phase im Bewusstsein. Ich will ja auch wissen, mit wem ich es zu tun habe. Dort, wo es sehr tief geht, wo ich die Seele, das Unbewusste im Menschen berühre, kann ich mit dem Verstand nichts mehr anfangen, dann würde ich spekulieren.

Es hat lange gedauert, bis ich mich fallenlassen und akzeptieren konnte, dass ich auch ohne meinen Verstand den Umgang mit Menschen pflegen kann. Es gibt Bereiche im Menschen, die niemand anderen etwas angehen. Und wenn nun ein Mensch mit diesem Bereich nicht mehr klarkommt, braucht er Hilfe. Diese Hilfe kann jedoch nur geistiger Natur sein, wenn sie ihm wirklich auf die Sprünge helfen soll. Die geistige Ebene kennt den Menschen vom Beginn seines Ursprungs an. Alle Höhen und Tiefen aus längst vergangener Zeit, der Gegenwart und der Zukunft sind ihr bekannt. So kann sie sanft und liebevoll tadeln, zurechtweisen, kritisieren, aber auch loben und aktivieren. Alles geschieht so, wie es für genau diesen Menschen von Notwendigkeit ist. Niemand wird überfordert oder mit Dingen konfrontiert, die über sein momentanes Fassungsvermögen gehen. Diese Ebene ist eher zurückhaltend, denn Zeit für Ergänzungen und detaillierte Ansprache ist immer noch. Es geht in dieser Sphäre nichts verloren, alles ist gleichzeitig präsent. Der Mensch hat den Begriff von Zeit und Raum geprägt, nicht die geistige Ebene. Alles, was ein Mensch noch zu bearbeiten und aufzulösen hat,

Mensch noch zu bearbeiten und aufzulösen hat, kommt immer wieder an die Oberfläche, es kann zu jedem beliebigen Zeitpunkt aktiviert werden, so gibt es keine Eile. Meister Kuthumi hat einmal gesagt: "Was ist schon ein Jahr? Ein Jahr ist ein Tropfen im Meer der Zeit! Bevor ihr in Panik verfallt, wenn sich die Ereignisse überschlagen, geht fünf Minuten in die Stille, lasst alles wirken, und dann erst entscheidet, was zu tun ist. Die fünf Minuten können die Situation ganz anders erscheinen lassen." Diese Theorie scheint zu stimmen, denn wie oft rennen wir kopflos durch die Gegend, wenn etwas Unerwartetes eintritt. Wir treffen Entscheidungen, die jeder Logik widersprechen. Würden wir die Ruhe bewahren, uns kurz "zurücklehnen" und in die Verbindung mit der Führung gehen, hätten wir eine ganz andere Sicht der Dinge. Der Kontakt mit der geistigen Führung lohnt sich immer, gleich welche Situation sich ergibt. Und so bemühe ich mich in meiner Arbeit, mir möglichst viel Zeit zu nehmen, um diesem Menschen, der meine Hilfe bei dieser Art der Unterhaltung sucht, alle Chancen der optimalen Unterhaltung mit der geistigen Ebene zu bieten.

Ich wurde sehr lange auf diese Arbeit vorbereitet. Ich musste lernen, welchen Zustand ich in welcher Arbeitsphase erreichen muss und darf, um wertfrei und völlig neutral zu arbeiten. Der Zustand der Halbtrance zum Beispiel gibt mir die Gelegenheit, mich für eine gewisse Zeitspanne an die Dinge zu erinnern, die mir aufgezeigt wurden, so zum Beispiel Fakten und Bilder aus früheren Inkarnationen. Es ist auch gleichzeitig ein Schutz für alle Beteiligten. Meine

Klienten wissen, dass ich nicht mit den Dingen belastet bin, und ich kann mich wunderbar von ihnen distanzieren. So kann ich sie alle loslassen, wenn sie sich von mir verabschieden und ein ganz normales Leben führen.

Die Volltrance bietet allen Beteiligten die optimale Verbindung zur geistigen Ebene, aber gerade das muss und will gekonnt sein, es muss trainiert werden. Wenn alle Voraussetzungen und Spielregeln beachtet werden, kann nichts schiefgehen. Das Medium selbst weiß, wie es sich anbindet an diese Ebene. Es wird in dieser Zeit selbst geschult, wobei es immer noch die Kontrolle über die Dinge behalten muss.

Es macht Freude, die Energie der einzelnen Aufgestiegenen Meister zu fühlen, zu sehen, als Farbstrahl wahrzunehmen und in ihre grenzenlose Liebe eingehüllt zu sein. Es ist wie ein Heimkommen, ein Glücksgefühl feinster Nuance. Für meine Klienten ist es der direkte Kontakt mit dem geistigen Führer. Es entsteht eine Zwiesprache, die aufgrund meiner Tieftrance ohne Hemmungen und Scheu geführt werden darf. Niemand anders kennt den Inhalt dieser Momente. Es ist wie ein Abkommen, das endlich erfüllt wird. Nach oft langer Zeit des Suchens findet man endlich das Gehör und die Worte, die Aufschluss geben über vieles, was man vielleicht über Jahrzehnte nur ahnte. Es ist eine Basis des Vertrauens, die aufgebaut wird, um offen und ehrlich zu kommunizieren. Hier habe ich als Mensch nichts verloren. Dieser Mensch hat seine Akasha, sein Lebensbuch, und nur er ist berechtigt, die sonst verschlüsselten und verborgenen

Informationen zu erhalten. Wir alle sollten vor dieser Tatsache einen großen Respekt haben.

Die Tieftrance birgt nur dann eine Gefahr, wenn sich Menschen ohne darüber nachzudenken, mit Energien verbinden, die nicht für diese Art der Kommunikation geeignet sind. Zu diesen Energien gehört der gesamte niedere Astralbereich, in dem sich Seelen befinden, die erdgebunden sind, die nicht losgelassen werden usw. Und genau hier liegen oft die Probleme. Menschen beginnen einfach zu pendeln, mit Tischchen zu rücken, "automatisch" zu schreiben usw. Oft ist es Gott sei Dank nur das eigene Unterbewusstsein, das sie an der Nase herumführt, aber es kann auch anders verlaufen. Das ist dann bedeutend dramatischer, denn diese Energien, die fremd sind, kann man nicht mehr zurückschicken, es sei denn, man hat genaue Fachkenntnis. Oft wird es lange Zeit nicht bemerkt. Jeder Mensch, der sich öffnet, ohne zu wissen, ob er dazu bereit ist, kann angreifbar und steuerbar sein.

Ich weiß, es geht eine gewisse Faszination von all diesen Dingen aus, aber sehr schnell merkt man, oder auch nicht, dass diese Energie eigentlich nicht mehr Wissen hat als man selbst. Dann ist aber oft schon eine Abhängigkeit gegeben, und eines steht fest: Für sich selbst kann man nie etwas tun. Ich selbst habe lernen müssen, mit meinem Führer nur über Impulse zu sprechen. Alles andere wird vom sogenannten Ego und vom Wunschdenken beeinflusst.

Ich möchte hier nicht kritisieren oder andere Medien in ihrer Wertigkeit herabsetzen, aber ich wurde von der geistigen

Welt ohne Diskussion davon in Kenntnis gesetzt, dass ich mich von Verstorbenen fernzuhalten habe. Wir haben kein Recht, die Seelen, die dort verweilen, für unsere Zwecke zu beanspruchen. Sicherlich lieben sie uns, wollen Kontakt mit uns, aber erst dann, wenn sie genug gelernt haben, den anderen ein wenig voraus sind. Dann bekommen sie Freistunden, in denen sie freiwillig zu uns kommen dürfen, um uns liebevoll zu unterstützen. Aber das spüren die wenigsten von uns. Es ist ein unsichtbares Helfen und Arbeiten in absoluter Demut. Damit steigern sie sich in ihrem Bewusstsein. So arbeiten auch die Meister, bevor wir uns ihrer bewusst werden. Alles verläuft nur in der Stille.

Ich erlebe allerdings auch Fälle, in denen Verstorbene mitkommen, weil sie einfach nicht loslassen können, aus welchem Grund auch immer. Oft sind Dinge ungeklärt, seien es Erbschaften, Emotionen, Schuldgefühle und vieles mehr. Ich nehme sie wahr, erkläre den Klienten meine Wahrnehmung und bespreche mit ihnen, was zu tun ist. Sehr häufig besteht auf beiden Seiten noch eine große Trauer und keine der Parteien vermag loszulassen. Dann kommunizieren wir über das konkrete Thema. Die Seele darf sich äußern, aber hier nur über das Pendel, um dem Angehörigen zu helfen, die Dinge zu klären. Dann stellt sich eine gewisse Erleichterung auf beiden Seiten ein. Ich entlasse die Seele des Verstorbenen dann, kontrolliere, ob sie gegangen ist, und erst dann beginne ich mit der eigentlichen Arbeit.

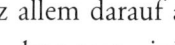

Die mediale Arbeit für andere Menschen fordert die ganze Persönlichkeit, gleichzeitig setzt sie viel Verständnis für die Menschen, Toleranz und Einfühlungsvermögen voraus. Man sollte trotz allem darauf achten, dass man psychologisch geschult ist, denn man wird mit vielen Schicksalen konfrontiert, auch wenn man in Trance arbeitet. Nicht alles darf man an sich heranlassen, man muss empathisch sein und loslassen können. Deshalb ist es nur allzu verständlich, dass man für diese Arbeit geboren sein muss. Meine lange Erfahrung hat mich gelehrt, dass jede Arbeit in der Materie, die Lebewesen mit einbezieht, dem Menschen auf den Leib geschrieben sein muss, ansonsten wird er irgendwann versagen. Die Belastungen werden zu groß und jedes Wesen, das mit diesem Menschen in Kontakt kommt, spürt die negative Schwingung, die sich unweigerlich verbreitet. Die geistige Arbeit ist nicht erlernbar, sie ist in unserem Plan manifestiert und muss sich zur rechten Zeit erfüllen. Das ist meine Erfahrung, auch im Hinblick auf Heilung, künstlerisches Wirken, Lehren und vieles mehr.

Ein Einblick in meine Arbeit als Medium der Großen Weißen Bruderschaft

Seit fast zwanzig Jahren erfülle ich nun meine Arbeit als Medium der Aufgestiegenen Meister. Sie hat sich grundsätzlich nicht verändert, es kommt zwar vor, dass El Morya die Vorgehensweise verändert, aber die Grundlagen bleiben immer die gleichen.

Diese mediale Arbeit ist einerseits sehr anstrengend, andererseits kann ich mir nichts anderes vorstellen. Schon sehr früh habe ich gemerkt, dass ich meine Verbindung ins Geistige sehr stark spürte, konnte es jedoch nicht einordnen. Niemand erkannte meine Ausrichtung oder förderte mich. So hat sich dann im Laufe meines Lebens ganz klar gezeigt, welche Lebensaufgabe ich mir mitgenommen habe. Ich tat mich auch sehr schwer mit dem Wechsel in diese "einsame" Arbeit, denn viele Jahre arbeitete ich genau wie viele andere Menschen in meinen erlernten Berufen. Doch dann ließ es sich nicht mehr verhindern. Ich wurde mit meiner Aufgabe konfrontiert und ich sah ein, wie wichtig diese Arbeit für mich und die Menschen sein würde. So begann sich mein Leben komplett zu verändern. Ich brauchte Jahre, um alles zu begreifen und zu verstehen, denn auch ich hatte gelernt, alles in meinem Verstand ordnen zu wollen. So lernte ich loszulassen, nicht immer nur zu denken und zu beweisen. Ich musste wirklich verstehen lernen, dass ich nichts von alldem, was ich da tat, anzunehmen und zu rechtfertigen brauchte. Das war für mich das Schwierigste an der ganzen Sache. Aus diesem Grund war ich auch sehr dankbar für das Arbeiten in Trance, denn so wusste ich nichts, aber auch gar nichts von dem, was besprochen und vereinbart wurde.

Dennoch, ich lernte viel über die Menschen, denn nicht alle verstanden zunächst wirklich, was da mit ihnen passierte. Viele wurden von ihren Mitmenschen angegriffen und nicht verstanden, wenn sich ihr Leben zu verändern begann. So bildete ich mich auch psychologisch weiter, um einordnen zu können, was da zum Teil vor sich ging. Doch es machte mir nach wie vor Freude, meine Aufgabe zu erfüllen, und das war und ist das Wichtigste. Ich möchte gerne ein paar Aspekte beleuchten, die in meiner Arbeit mit den Meistern zum Tragen kommen. Wie es bei anderen Medien aussieht, kann ich nicht schildern oder beurteilen.

Zunächst einmal gewährt mir die geistige Ebene einen Einblick in die Aura des Menschen, der vor mir sitzt. Ich erkenne unter anderem genau, welche der sieben Strahlen in den einzelnen Schichten des Egos und in der Seele verankert sind. Demzufolge kann ich alle Impulse aus der geistigen Ebene viel schneller umsetzen und dem Menschen auch erklären. Anhand dieser Informationen zeigen sich bereits die Schwerpunkte dieses Menschen, sowohl als Qualitäten als auch Blockaden, wobei sich die Blockaden immer in Potenzial transformieren dürfen. Viele dieser Informationen dürfen die Menschen auch selbst erkennen, und das führt bereits zur Förderung ihrer eigenen Impulsfähigkeit. Ein Beispiel: Die Energiestrahlen des mentalen, emotionalen und physischen Körpers als Ebenen des Egos müssen die Menschen selbst erkennen lernen, da sich in diesen Ebenen das Karma abgespeichert hat. Ich würde massiven Einfluss nehmen, würde ich darauf eingehen. So müssen sie sich also mit den Strahlen und den Energien der Meister auseinandersetzen lernen, um sich gezielt zu erkennen. Das ist der Einweihungsweg der geistigen Ebene. Ich unterstütze diese Erkenntnis durch meine Seminararbeit, aber dennoch bleibt es ihnen nicht erspart, sich selbst zu begreifen. So werden die Impulsfähigkeit und die Sensibilität für das eigene Ego und die Seele gestärkt. Das ist sehr wichtig, denn ansonsten sind und bleiben die Menschen abhängig. Nur so erreichen wir in ihnen die Unabhängigkeit von menschlichen Beratern.

Der Mensch muss sich also öffnen, mich an sich heranlassen. Deshalb gibt es bestimmte Verhaltensweisen, die man wirklich berücksichtigen sollte. Ich rate allen Interessenten, nur in absoluter Topform zu mir zu kommen, das heißt, nicht in krankem oder müdem Zustand. Selbst eine kleine Erkältung sollte von einem Besuch abhalten. Die Aufnahme der Informationen ist dann nicht mehr korrekt gegeben. Auf jeden Fall sollte man vor einer solchen Sitzung auf den Genuss von Alkohol verzichten, möglichst auch auf schweres Essen. Je leichter der Mensch ist in seiner ganzen Form, umso besser ist die Aura erkennbar und die Verbindung herstellbar. Schwarze Kleidung ist auf jeden Fall zu vermeiden, auch braune Farben oder grau. Ich musste schon Klienten bitten, schwarze Jacken, Pullover und Ähnliches abzulegen. Diese Farben zerstören die gesamte Ausstrahlung eines Menschen, sie wirken auf mich wie ein Block, der sich zwischen uns schiebt. Aber dies ist ja für die meisten Menschen, die einigermaßen eingeweiht sind in die verschiedenen Formen der geistigen Arbeit, nichts Neues.

Jeder, der sich mit der Chakrenlehre auseinandersetzt, hat dies als Basiswissen verinnerlicht. Gerade um den Chakrenzustand zu erkennen, ist dies alles sehr wichtig. Das ist Teil meiner Arbeit. Der Zustand der Chakren, der einzelnen feinstofflichen Körper ist zunächst für die Menschen sehr wichtig und interessant.

In diesem Zusammenhang muss ich auch ein Grundwissen in Bezug auf die Chakren, ihre Farben, Positionen und Funktionen bei den Menschen voraussetzen. So lernen sie sich vorab in ihrer feinstofflichen Art kennen und verstehen. Es nützt nämlich nichts, wenn ich einen Menschen mit seinen Lebenszielen und seinem geistigen Führer konfrontiere und er weiß noch nicht einmal, wo seine Probleme und Blockaden sitzen, die ihn von all dem seit langer Zeit fernhalten.

Bei mir sollte jeder Klient dazu bereit sein, sich mit allen zu ihm gehörenden Aspekten im Spiegel der Erkenntnis zu betrachten. Nur dann kann ihm klarwerden, was er falsch macht, was ihn stört und wo er beginnen kann, an der Situation zu feilen und zu korrigieren. Ich kann den Menschen nicht nur ihre Vorzüge und Talente aufzeigen. Wir alle machen Fehler, haben unsere Macken und schleppen unsere kleinen Gemeinheiten mit uns herum. Nicht immer sind nur die anderen schuld an unserer Misere. Was uns betroffen macht, sind immer unsere eigenen Aspekte. Die anderen sind nur unser Spiegel. Also müssen wir hineinschauen. Und wie blind ist dieser Spiegel oft. Schichten von Nebel, Altlast und schmierigen Fingerabdrücken verhindern jeden Blick in das Gesicht, das am Anfang war, geschaffen von einer unendlichen Liebe und Göttlichkeit, rein und ohne Kummerfalten. Und hat man erst einmal poliert, ein wenig weggekratzt, muss man auch noch erkennen, dass man eine Maske vor sich hat, ein Gesicht, das man gar nicht kennt. Man schaut als Frau hinein, und plötzlich sieht man das Gesicht eines Mannes, eines Kindes, schmerzverzerrt, leidend, uralt, verhärmt, oder viel schöner als man selbst, zufrieden und ausgeglichen. Und dann fällt die Maske, und schon wieder ein anderes Gesicht, das bin ich doch nicht, wo finde ich mich denn überhaupt wieder? Ja, dann sind wir schon ein ganzes Stück weiter.

Spätestens hier beginnt der Einstieg in die tiefere Bewusstseinsarbeit der Menschen. Hier müssen sie sich wirklich selbst ins Gesicht schauen. Ich kann es ihnen nicht abnehmen. Selbst wenn ich es wollte, dürfte ich es nicht. Wir haben es hier nämlich mit den karmischen Aspekten des Menschseins zu tun. Wie wir alle in der Zwischenzeit wissen sollten, ist jedes Individuum für all das verantwortlich, was ihm geschieht. Wichtig in diesem Zusammenhang ist die Tatsache, dass ein Mensch, der sich mit mir in diese Form der Eigenarbeit begibt, grundsätzlich an die Wiedergeburt, also den Begriff des Karmas, glaubt. Es fehlt mir die Zeit, um diese Dinge glaubhaft und plausibel zu machen. Sie müssen sich eingeprägt haben, und sie müssen vom Menschen selbst angenommen und akzeptiert sein. Es nützt uns nichts, wenn jemand mit der Einstellung erscheint: "Ich lebe nur einmal, und dann ist alles vorbei." Wie soll ich einem solchen Menschen bei der Erkenntnis seiner Grundthematik helfen, wenn er sich sein heutiges Leben in einem Rückblick, der unschwer zu halten ist, erfolglos angeschaut hat? Deshalb bitte ich alle Klienten im Vorfeld, sich über diese Themen Gedanken zu machen und sich eingehend zu informieren.

In diesem Zusammenhang verweise ich auf mein Buch mit dem Titel "El Morya: Was ihr sät, das erntet ihr." Ich muss dieses Wissen und auch diese Überzeugung voraussetzen. Alles andere ist sonst schlichtweg Zeitverschwendung.

Dazu kommt dann der Aspekt des Beweises. All die Dinge, die geistig vorhanden und gelagert sind, kann man nicht beweisen. Sowohl die Weiße Bruderschaft als auch das Karma als solches sind nicht direkt beweisbar. Alles geschieht einzig und alleine über die eigene Erfahrung, das Selbststudium. Dazu gehört natürlich Mut, aber diesen Schritt und die Bereitschaft dazu kann ich niemandem abnehmen. Das will ich auch nicht, denn dadurch sagt ein Mensch zum ersten Male "ja" zu sich. Dann kann er auch die Konsequenzen tragen. Wir können auch die Religion nicht beweisen. Aber da sagen die Menschen, das ist ihr Glaube. Der Glaube ist ihnen anerzogen. Wer kann denn beweisen, dass Jesus gelebt hat? Wer von uns war dabei? Ich erlebe oft, dass die Menschen sagen, wenn ich von der Weißen Bruderschaft spreche: "Ja, aber ich **glaube** doch an Gott." Warum glauben sie es? Weil man sie so erzog? Ich kann mich im Heute in der Erziehung gegen alles wehren. Nein, die Wurzeln liegen oft viel tiefer. Sie alle haben ihre Erinnerung im Unterbewusstsein, in der Seele. In den seltensten Fällen wird diese Theorie angenommen. Ich sage dann immer: "Ich glaube auch an Gott, aber in der mir eigenen Art. Ich sehe ihn nicht als Mann mit Bart, der nur darauf aus ist, uns zu bestrafen für jeden Fehltritt. Er ist für mich reine Liebe, Energie, das Zentrum all dessen, was wir suchen."

★ ★ ★ ★ ★

Wie wichtig ist das Karma?

El Morya lässt es sich in keinem Falle nehmen, die
Menschen mit ihrem "roten Faden" zu konfrontieren. Das
bedeutet, wir alle bewegen uns seit Zeitaltern in unserem
karmischen Terrain. Es ist gleich, wie lange wir schon "un-
terwegs" sind, wir leben in alten Mustern. Viele Menschen
möchten es nicht mehr hören, aber Karma ist so alt wie unsere Existenz, und es wird uns so lange begleiten und unseren
Weg bestimmen, bis wir gelernt haben, konstruktiv damit
umzugehen. Es ist ein Irrtum, zu glauben, Karma würde
nur belasten und es wäre sinnvoller, nur nach vorne zu
schauen. Wir schauen auch nach vorne, indem wir rückwärts
blicken, denn nur wenn wir das Alte verarbeitet haben, können wir das Neue formulieren. Ingrid Vallieres, die Expertin
für Reinkarnationstherapie sagt: "Aus der Vergangenheit
lernen. In der Gegenwart leben. Für die Zukunft planen."

Das ist die beste und erfolgreichste Form, mit Karma umzugehen, und hier werden wir von den Aufgestiegenen Meistern intensiv unterstützt. El Morya ist der Wächter der Akasha-Chronik. Wir alle führen seit Urzeiten unser Lebensbuch

im Geistigen. Es zeigt uns die Vergangenheit, die Gegenwart und die Zukunft, respektive unseren Lebensplan. So führt er die Menschen in meiner Arbeit an ihre alten Strukturen heran, damit sie erkennen, was konstruktiv zu tun ist, um die Zukunft erbaulich und erfolgreich zu gestalten. Wir lassen das Vergangene hinter uns, aber wir müssen es auch bearbeitet und losgelassen haben. Diese Informationen haben auch draußen in der Öffentlichkeit nichts verloren. Sie betreffen uns, nur wir können sie korrekt einordnen, und gegebenenfalls ein Therapeut kann uns bei der Klärung und Umsetzung helfen. Gerade hier wird von den Menschen sehr viel Demut und Bereitschaft zur eigenen Reflexion verlangt. All das fördert die Feinfühligkeit und die Impulsfähigkeit des Individuums. Trotz allem muss man sagen, dass der Mensch dies jedoch erfahren haben muss, um es bestätigen zu können.

Mein Ziel diesbezüglich ist immer, den Menschen die Möglichkeit aufzuzeigen, karmische Strukturen selbst zu erkennen und zu bearbeiten, denn gerade das ist höchste Impulsfähigkeit des Moments. Wenn wir uns in einer schwierigen Situation befinden, ist es von großem Vorteil, wenn wir in der Lage sind, die alten Muster, die sich dahinter verbergen, möglichst schnell zu erkennen, damit wir sie in die heutige Zeit und Lage übertragen können. Dann gilt es diese Themen zu bearbeiten, damit wir die Muster auflösen und neue Verhaltensformen entwickeln können. So verändert sich dann vieles, Probleme lösen sich, Konflikte können geklärt werden und das Leben verläuft in anderen Bahnen. Wenn man das verstanden hat und anwendet, erkennt man die Verbindung ins Geistige sehr gut. Man zeigt uns die Muster, um uns aufmerksam zu machen, unsere Sensibilität für unsere Umwelt zu schärfen und uns so zu Wesen werden zu lassen, die Toleranz üben, Verständnis entwickeln, aber auch Konstruktivität und Willensstärke. Karma ist keine Schuld, sondern Potenzial. Je besser wir lernen, damit umzugehen, umso eher können wir davon profitieren. Wir sollen und wollen frei und sicher durch unser Leben gehen. Ein vergleichbares Beispiel im Heute finden wir doch in unserem sogenannten Strafvollzug. Es sei dahin gestellt, ob all das geistig gesehen einen Sinn erfüllt. Wird ein Mensch jahrelang eingesperrt und dann ohne Therapie und sinnvolle Begleitung ins normale Leben entlassen, droht ihm der Rückfall. Hat er erkannt, welche Fehler er begangen hat und wie er in der Zukunft erfolgreich sein Leben meistern kann, sollte ihm nichts mehr passieren. Genauso verhält es sich mit alten Mustern aus vergangenen Leben.

Wir dürfen erkennen, und zwar durch unsere eigenen Impulse, wo Blockaden zu finden sind, um sie zu transformieren und dann das Positive zu leben. Das sind die Ergebnisse der klaren Kommunikation mit dem Geistigen.

Eine weitere Variante, die ich im Laufe der Zeit feststellen konnte, ist die, dass eine Seele mit mehreren verschiedenen Anteilen inkarniert sein kann. Das Höhere Selbst sendet sozusagen zwecks schnellerer Karmaauflösung mehrere Anteile aus. So kann ein Mensch in Deutschland leben mit einer speziellen Aufgabe, und ein anderer Anteil seiner Seele existiert zum Beispiel in Amerika. Beide sind eine Persönlichkeit für sich, jedoch verkörpert jeder von ihnen bestimmte Werte und Karmaanteile eines einzigen Bewusstseins, die schnellstmöglich aufgelöst werden sollen und müssen. Im Grunde genommen können wir uns sozusagen selbst begegnen. All das geschieht freiwillig, da wir ja alle größten Wert darauf legen, die irdische Reise so bald wie möglich zu beenden. Das tun wir zumindest im Unbewussten.

Faszinierend in diesem Zusammenhang war für mich schon mehr als einmal die Erkenntnis, was geschieht, wenn nun einer dieser Anteile versagt oder außerplanmäßig ins Jenseits befördert wird. Bitte nochmals meine erklärende Anmerkung, dass ich all diese Dinge während meiner Arbeit so wahrnehme. Auch erhalte ich auf Nachfrage dann die für mich gültigen Erklärungen.

Nehmen wir ein einfaches Beispiel:

Ein etwa vierzigjähriger Mann lebt sein ganzes Leben lang friedlich in Deutschland. Er hat seine schulische Laufbahn gut hinter sich gebracht, arbeitet als Beamter in einer sicheren und gut bezahlten Position. Des Weiteren ist er verheiratet, führt eine relativ gute Ehe, hat zwei Kinder und wartet auf die Rente. Sein Hobby ist Briefmarkensammeln. Nicht dass Sie nun meinen, ich hätte etwas gegen Beamte, um Gottes willen, es geht mir nur um das Beispiel.

In der Realität ist das alles viel komplizierter und schwieriger durchschaubar, aber höchst interessant. Jetzt nehmen wir einmal an, die karmische Aufgabe dieses Mannes liegt darin, dass er sein Gemüt im Zaum hält, weil er früher einmal sehr aufrührerisch gewesen ist. Er hat vielleicht als Spieler alle über den Tisch gezogen, war Alkoholiker und hat täglich zweimal Frau und Hund verprügelt.

Nun lebt in Amerika ein anderer Mann, der als Privatdetektiv arbeitet, ein Hallodri wie Don Johnson. Die Frauen wechselt er wie die Hemden. Geld und Angst hat er nie. Seine Hobbys sind Pferderennen und Drachenfliegen in den Rockies. Außerdem schmeißt er sich jede Nacht ins Getümmel von Las Vegas. Die karmische Aufgabe dieses Mannes könnte nun sein, mit für Recht und Ordnung zu sorgen, eine Familie zu gründen und Vater von drei Kindern zu werden. Er sollte einmal aus sich herausgehen, seine Freiheit genießen, aber er scheint damit auch über die Stränge zu schlagen. Er setzt sich zu vielen Gefahren aus und benutzt die Menschen, wie es ihm gerade passt. Eines Tages gerät er in eine Schießerei, weil er einem anderen Mann die Frau gemopst hat. Er wird tödlich ins Herz getroffen und stirbt. Die Lebensaufgabe als solche wurde also nicht erfüllt, und außerdem starb er aufgrund einer nicht ganz gesellschaftsfähigen Einstellung, wie immer man es betrachten mag.

Nun wandern diese Bewusstseinsanteile zurück ins Geistige, in Richtung Höheres Selbst. Im Astralen, wo wir nachts mit unserem Bewusstsein weilen, treffen wir alle unsere Anteile, um Kriegsrat zu halten. Was geschieht also in diesem Falle? Unser Beamter steht wie gewohnt pünktlich wie die

Uhr parat, um alle seine Anteile wohlwollend zu begrüßen. Er möchte wissen, wie es dem Ami geht, ob er sich langsam einmal zähmen lässt. Mit Entsetzen muss er dann jedoch feststellen, dass dieser genau an diesem Tag das Zeitliche gesegnet hat. Er hat sich also viel zu früh vom Irdischen verabschiedet.

Was bedeutet das nun für die gesamten Anteile? Ein Teil hat versagt oder wurde dazu gezwungen – dies ist im Übrigen auch beim Selbstmord der Fall – sodass er im Grunde genommen wieder neu inkarnieren muss, um den Rest zu bereinigen. Im Klartext heißt das, es vergehen im günstigsten Fall wieder circa vierzig Jahre, oder noch viel mehr, bis eine erneute Karmaauflösung gegeben ist. Denn machen wir uns nichts vor: Für eine neue Inkarnation müssen alle Gegebenheiten vorhanden sein, wie Familie, Landeskarma usw. Für die übrigen Anteile bedeutet das, sie müssen alle eine zusätzliche Wartezeit in Kauf nehmen für ihren eventuellen Aufstieg. So beginnt eine intensive Verhandlung darüber, was nun zu tun ist. Unser Beamter nun findet sein Leben sowieso ein wenig langweilig, er könnte etwas Abwechslung gebrauchen. Dabei ist er sich der Gefahren und Auswirkungen durchaus bewusst. Aber er sagt sich, komme was wolle, ich nehme jetzt diese Anteile des Amerikaners mit, denn ich traue mir die Doppelbelastung zu. Mein Stress hält sich in Grenzen.

Und nun können Sie sich vielleicht vorstellen, wie dieser Mann am nächsten Morgen aufwacht. Er könnte aus dem

Bett aufstehen wollen wie gewohnt, aber er schafft es nicht, weil er höllische Herzschmerzen hat, die vorher nie existent waren. Er muss zum Arzt gehen, und plötzlich wird ein Herzfehler festgestellt. In der Folge ist er so konfus, dass er an seinem Schreibtisch sitzt und sich fragt, was er hier eigentlich seit Jahren treibt. Er hat keine Lust mehr auf diese Arbeit, er möchte raus, was erleben. Schon immer haben ihm Krimis gut gefallen. Wieso ist er nicht Polizist geworden? Könnte man noch umschwenken? Und dann das ewige langweilige Leben zu Hause, keine Abwechslung. Eigentlich könnte man mal eine rauchen oder mal so richtig einen draufmachen. Und dann die blöden Briefmarken. Sport müsste man mal treiben, hat der Arzt ja auch gesagt. Schon früher hatte er mal Interesse am Fallschirmspringen. Aber ob das jetzt noch geht mit diesen Herzproblemen?

In der Regel nennt man solche Momente "Midlife-crisis". Es geht ihm viel zu gut, er soll mit dem zufrieden sein, was er hat. Es geht ihm doch gut. Eben nicht! Aus ihm wurden im Unterbewusstsein plötzlich zwei Menschen, die sich einen Körper teilen müssen. Würde man nun an die Ursache herangehen, wären die Dinge schnell gelöst. Vielleicht entstünde eine gesunde Mischung aus Beamtem und Filou, wer weiß.

Ich wollte hier nur ein Beispiel prägen. Es gibt so viele Varianten dieser Art.

So ist es auch möglich, dass Zwillinge im Mutterbauch ähnliche Maßnahmen ergreifen. Sie müssen sich oft trennen, aus welchem Grund auch immer. All das würde hier zu weit führen und ist auch nicht Sinn dieses Buches. Aber glauben Sie mir, oft übernimmt dann der bleibende Teil die Aufgaben und Lernprogramme von beiden. Oft kämpfen die Menschen dann Jahrzehnte mit den Anteilen, die eigentlich gar nicht zu ihnen gehören. Wird es dann erkannt, lösen sich viele Probleme.

★ ★ ★ ★ ★

Das Erkennen der Gegenwart und das Umsetzen des Alten im Heute

Zu Beginn meiner Arbeit wird mir in einem Halbtrancezustand auch die Aura des Menschen gezeigt. Jeder Mensch nimmt die Aura auf seine Weise wahr. Viele meinen immer, sie müssten Farben und Formen sehen. Ich möchte das gar nicht, da es mich im Alltag zu sehr belasten würde. So habe ich meinen Meister seinerzeit gebeten, mir die Dinge nur während meiner Arbeit zu zeigen, und wenn ich darum gebeten werde. So kann ich dann Farben zuordnen, der Mensch strahlt sozusagen in diesem Moment seine Aura aus.

Interessant war es einmal, als eine Klientin kurz vor unserer Sitzung ein Aura-Bild hatte anfertigen lassen. Sie zog es hervor, und es stimmte genau mit meiner Schilderung überein. Ich nehme sozusagen das eigene seelische Umfeld dieses Menschen wahr. Anders kann ich es schlecht bezeichnen.

Bei Frauen kann ich zum Beispiel sehen, ob sie Fehlgeburten oder Abtreibungen hatten, wenn sich die Seelen noch nicht ganz gelöst haben. Man sieht auch den Sinn der noch bestehenden Verbindung. Bei Männern und Frauen nehme ich auch wahr, ob noch eine Seele zur Inkarnation bereitsteht. Sie ist dann in unterschiedlicher Entfernung sichtbar, je nach Intensität des Kinderwunsches oder der damit existierenden Gedankenströme.

Gleichermaßen sehe ich, ob lebende Personen mental in die Sitzung mitgekommen sind, oder ob Verstorbene noch nicht ganz losgelassen haben. So kann man dann zunächst einmal alles reinigen. Es ist oft eine intensive Vorarbeit erforderlich, um auch letztendlich die Intimsphäre dieses Menschen zu gewährleisten. Erst dann, wenn ich wahrnehme, dass wir wirklich alleine sind, können wir alles in Ruhe besprechen. Vieles wirkt dann auf die Menschen oft sehr ernüchternd. Deshalb ist es auch so wichtig, dass ich nur mit Einzelpersonen arbeite. Das heißt, da, wo es um solche Dinge geht. Gruppenarbeit gestaltet sich ganz anders. Aber hier geht es einzig und alleine um die Person, die mir gegenüber sitzt. Lasse ich eine zweite Person zu, besteht immer die Gefahr, dass sich die Auren vermischen, dass sich die Gedanken kreuzen oder die Emotionen zu stark werden. Dann kann ich keine reinen Ergebnisse versprechen. Niemand nimmt sich so zurück, dass er eigentlich nicht präsent ist.

Eine der wichtigsten Aufgaben ist der Moment, wo wir im Heute den sogenannten roten Faden erkennen. Man kann Inkarnationen durchwandert haben, die uralt sind und längst versunkenen Kulturen angehören, die Thematik ist immer die Gleiche, bis sie aufgelöst ist. Was sich ändert, sind lediglich Kultur und Epoche. Es geht also darum, zu erkennen, welche Denk- und Verhaltensmuster heute so präsent und aktiv sind wie anno dazumal. Dabei ist es vollkommen egal, ob wir in einem Leben ein kleiner Otto Normalverbraucher oder ein König waren. Letzten Endes sind wir alle gleich.

Ich höre oft den Satz: "Ja, aber wenn wir uns doch nur steigern können, wieso lebt man dann einmal als Edelmann, und in einem späteren Leben ist man dann ein Bettler?" Das ist ganz einfach zu beantworten. Es kommt doch einzig und alleine auf die Thematik an. Das irdische Kleid, der Stand und die Etikette spielt dabei keine Rolle. Wenn ich eine bestimmte Lernaufgabe nur als Bettler erledigen kann, dann muss ich mich in einem Leben auf dieses Niveau begeben. Für diesen Menschen mag es dann durchaus in Ordnung sein. Wir müssen uns lösen von den anerzogenen gesellschaftlichen Vorurteilen. Nicht jeder Edelmann benimmt sich auch so, wie es sein Niveau verlangt.

Wichtig ist einzig und alleine, dass wir im Heute lernen und erkennen, welche Fehler, aber auch welche positive Dinge wir einmal inszeniert haben, die uns heute im Unterbewusstsein begleiten und auch lenken. Hier arbeiten wir nur mit dem Unterbewusstsein des Menschen. All das, was die Seele schon lange kennt und bearbeiten will, weshalb wir inkarniert sind, wird uns nach und nach präsentiert. Diese Arbeit ist wie ein Spiegel, den wir den Menschen hinhalten.

Der nächste wichtige Punkt ist, zu erkennen, dass die alten Gegebenheiten, die uns gezeigt werden, sich im Heute auf ihre Art und Weise wiederholen, so wie es die jetzige Epoche zulässt. Auch die alten Widersacher, Freunde und Begleiter sind wieder zu finden. Also kann man sagen, dass Umfeld, Umstände, Denken und Handeln wie ein Abdruck oder wie das Negativ eines alten Films neu belichtet werden und im heutigen Glanz erstrahlen. Zwar nicht immer gerade im besten Lichte, aber klar und deutlich erkennbar.

Das ist faszinierend. Man sieht praktisch, dass nur die irdischen Kleider gewechselt wurden. Der Staub, der alte Geruch und die Motten sitzen aber noch drinnen. Die Reaktionen, die ich dabei erlebe, sprechen für sich. Es gibt Menschen, die sich sofort mit allem identifizieren. Auch wenn ihr Schicksal nicht gerade von Erfolg gekrönt ist, sind sie froh und zuversichtlich, endlich den Hebel in der Hand zu haben, der zunächst einmal umgelegt werden muss. Andere weigern sich mit voller Inbrunst, auch nur ansatzweise in den Spiegel zu schauen. Es ist ihnen zu kompliziert. Aber das nützt ihnen nichts.

Eines muss man ganz klar erkennen. Sobald das Unterbewusstsein mit sich selbst konfrontiert wird, beginnt es zu arbeiten. Dabei spielt es keine Rolle, ob wir ihm in der Folge Aufmerksamkeit schenken oder nicht. Es macht seine Arbeit von ganz alleine. Wenn wir es aufwecken, ihm die alten Bilder präsentieren, braucht es nicht unseren Verstand, um daran zu arbeiten. Genau hier liegt dann späterhin oft das Problem. Die Menschen legen ihre Erkenntnisse sozusagen ab in der

Sparte "alte Kamellen", "nicht so wichtig, wird später bearbeitet". Spätestens dann legen sie sich selbst aufs Kreuz.

Die Dinge nehmen auch ohne unseren Verstand ihren Lauf. Das Unterbewusstsein will die alten Kämpfe endlich beenden, es will jetzt Klarheit schaffen. Es freut sich, dass unser begrenzter Verstand endlich einen lichten Moment hatte.

Es ist vergleichbar mit der Situation eines kleinen Kindes, das endlich kapiert hat, wie es selbst den Fernseher einschalten kann. Dann eröffnet sich eine völlig neue Welt. Es liegt also immer nur an uns, wie wir all diese Informationen nutzen. Für mich persönlich ist es wie eine Gnade, dass wir so viele Einblicke bekommen in uns selbst, in unsere Natur. So sollten wir auch mit Respekt damit umgehen. Aber dazu später noch mehr.

Etwas Interessantes ist mir im Laufe der Zeit aufgefallen. Es gibt Phasen, in denen wir uns wie im Turnus in gewissen Epochen und Kulturen bewegen. So kam es zum Beispiel vor, dass wir in kurzen Abständen sehr häufig mit der Inquisition, der Christenverfolgung, der Zeit der Essener, der Templerzeit usw. konfrontiert wurden, ohne dass wir uns persönlich explizit mit diesen Themen beschäftigt hätten. Späterhin wurde mir dann plötzlich klar, dass bestimmte Menschen zum fast gleichen Zeitpunkt an diese Dinge herangeführt werden mussten, um sozusagen ein Massenkarma in Gang zu bringen und so seiner Auflösung zuzuführen. Das ist höchst interessant zu verfolgen. Zwar sind mir dann die exakten Zusammenhänge nicht mehr in der Erinnerung, aber ich weiß, dass sich die Themen zeitweise häufen. Es sind dann praktisch Eckpfeiler, die gesetzt werden müssen, um das Gerüst vollständig zu erstellen. So muss ich sagen, dass die Thematik von Atlantis ständig in neuem Gewand auftaucht, was zu beweisen scheint, dass wir alle in massivster Form an diesem Kuchen knabbern.

Zu einem gewissen Zeitpunkt muss man dann allerdings versuchen, von der Vergangenheit in die Gegenwart überzugehen. Wir leben im Heute. Damit müssen wir fertig werden. So liegt es auch auf der Hand, dass wir nur das aus der Akasha-Chronik erfahren dürfen, was für das Heute wichtig ist. Wir sollen ja Fortschritte machen. Dazu ist es wichtig, dass wir den Ist-Zustand erkennen und damit umgehen lernen. Dazu zählen viele Faktoren, die man im Rahmen einer solchen Arbeit erarbeiten kann und muss. Dieser Mensch soll ja von sich ein möglichst komplettes Bild als aktuelle Bestandsaufnahme erhalten. So wollen wir versuchen, ein Puzzlestück nach dem anderen einzufügen, sodass es uns möglich wird, den Kern zu erfassen, der dann die Möglichkeit zum Wachstum bietet. Am Ende soll eine gefestigte und sich selbst erkennende Seele stehen, die frei und zielsicher ihren Weg zum Aufstieg gefunden und beschritten hat. Ob sie das Ziel erreicht, liegt dann ganz alleine an ihr.

Diese Puzzlestücke, wie ich sie nenne, haben vielseitige Farben und Bezeichnungen. Auf alles möchte ich nicht eingehen. Nur um ein paar zu nennen: Spirituelle Lebensaufgabe, Potenzial und Charaktermerkmale. Es ist eine umfangreiche

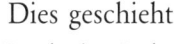
Beschreibung dieser Seele, wobei ich noch einmal betonen möchte, dass ich die Menschen immer wieder bitte, all die Informationen für sich zu werten und gemäß ihrem freien Willen zu integrieren. Dies geschieht auch in allen Fällen. Ein anderer wichtiger Punkt im Rahmen meiner Arbeit ist die Erkenntnis, wer mit den Menschen geistig zusammenarbeitet. Wir alle haben ja unsere Helfer, sprich unsere geistige Führung und sonstige Betreuer im Geistigen, die uns helfen wollen, am Endprodukt "Aufstieg" mitzuarbeiten.

Wie bereits erwähnt, kommen wir hier nun in den Bereich des Vertrauens, denn diese Dinge sind keineswegs beweisbar. Das Einzige, was erkennbar und nachvollziehbar ist, sind die Ergebnisse, die sich oft nach langer und mühsamer Eigenarbeit abzeichnen. Ich kann in diesem Sinne nur den Schlüssel liefern, der diese geistige Tür öffnet. Dann muss ich den Menschen loslassen. Er muss die Tür öffnen, sich in bisher unbekannte Gefilde begeben, sich anfreunden mit ganz neuen Kontakten, sich informieren über die Dinge, soweit es ihn interessiert und an sich arbeiten.

Diese Ebene im Geistigen zeigt uns auch immer wieder, dass sie existiert. Wir lernen uns fallen zu lassen in ihre Energie und Liebe. Aber die Grundvoraussetzung ist Vertrauen und Geduld. Die Prüfungen sind hart. Man will schon sehen, ob wir auch durchhalten, wenn schlechte Zeiten kommen, oder ob wir gleich das Handtuch werfen. Einen gewissen Punkt muss ich an dieser Stelle nochmals ganz besonders betonen: Reine Neugier ist in dieser Arbeit unangebracht. Die Dinge sind zu tiefgreifend und emotional wirksam, als dass man sich dem einfach einmal hingeben kann. Ich möchte warnen vor einem Konsum des Spirituellen. Hier glaube ich für alle seriös arbeitenden Medien zu sprechen. Da, wo alles nur an der Oberfläche bleibt, mag es zutreffen, dass man sich das alles einmal gönnt. Aber dort, wo die Seele beansprucht wird, wo eine intensive spätere Bewusstseinsarbeit gefordert ist, zu der man sich im übrigen ja dann selbst entscheidet, gehört eine große Portion Selbstvertrauen, Mut zur Eigenarbeit und Geduld dazu. Es ist auch eine Frage der Ethik, ob man sich immer wieder an verschiedenen Orten eine Bestätigung einholen muss, oder ob man lernt zu vertrauen in das Erfahrene. All diese Wege kann einem niemand abnehmen. Nur sollte man sich vorher der Dinge bewusst sein. Der eigene Wille entscheidet.

★ ★ ★ ★ ★

Die Kommunikation mit
der geistigen Ebene

Jedes existierende Wesen wird geistig geführt. Es spielt keine Rolle, ob man es nun wissen möchte oder nicht. Die reine Intuition ist immer die Mutter der Kommunikation. Es gibt viele Menschen, die sich niemals für das Esoterische in dieser Form öffnen werden, doch auch sie sind geführt. Esoterisch heißt: unsichtbar und ungreifbar, mehr nicht. Menschen, die sich nur an Beweisen orientieren, haben es hier sehr schwer. Deshalb können wir mit der geistigen Ebene in der konstruktiven Art nur einen Teil der Menschen erreichen. Trotzdem ist es immer wieder interessant zu beobachten, wie alle "geführt" sind. Kismet (Schicksal) ist oft die Bezeichnung für alles, was den Menschen widerfährt. Zu erkennen, dass wir die Schöpfer unserer Welt sind und dass wir uns konstruktiv beteiligen können, ist eine andere Angelegenheit, doch wir können noch nicht alle davon überzeugen.

Diejenigen jedoch, die sich dafür öffnen, erfahren definitiv ihre geistige Schulung in einer Form, die ihnen immer wieder Beweise und greifbare Fortschritte beschert. Es ist faszinierend zu spüren, dass wir in jeder Sekunde unserer Existenz beobachtet und geführt werden. Immer wieder wird der sogenannte freie Wille als größtes Geschenk betont, doch ich sage immer: Der freie Wille ist reine Illusion, da er an den Verstand gebunden ist. Wie oft heißt es: Der Mensch denkt und Gott lenkt. Wir dürfen entscheiden, verneinen, betonen, verhindern, einlenken, was auch immer, aber es kommt immer wieder vor, dass wir spüren, es wurde für uns entschieden. Das rührt von unserem Lebensplan her, denn unsere geistige Führung muss uns an das Ziel führen, das wir uns vor langer Zeit in Absprache mit ihr vorgenommen haben. Aus diesem Grund finde ich es immer wieder sinnvoll, uns doch konstruktiv mit unserer Führung zu beschäftigen. Das tun wir doch auch mit den Menschen, mit denen wir zusammenleben oder arbeiten, oder besser gesagt, das sollten wir tun. Auch hier gilt: Wenn die Kommunikation gestört ist oder nicht mehr stattfindet, hat sich alles andere von selbst erledigt. Mit der geistigen Ebene verhält es sich genauso, allerdings mit einer wichtigen Ausnahme: Unsere geistige Führung lässt uns nicht fallen. Wir können uns noch so verschroben und vernagelt benehmen, sie ist immer da, um uns Impulse und Unterstützung zukommen zu lassen. Der Mensch wendet sich irgendwann ab und geht seiner Wege, doch unsere Führung kann und darf das nicht. Wir haben jederzeit das Recht, vielleicht auch die Pflicht, zu wachsen, uns zu erinnern und umzukehren. Es mag sich anhören wie ein sanftes Ruhekissen, doch das ist auch nicht unbedingt der Fall, denn unser Leben ist in seiner Zeitrechnung begrenzt. Wir haben unserer Führung irgendwann exakt gesagt, in welcher Zeitspanne wir alle Themen erledigen wollten, und so ist die Führung darauf bedacht, uns in diesem Rahmen mit allem zu konfrontieren.

Je intensiver wir nun kommunizieren und an uns arbeiten, umso stärker nehmen wir unsere Führung wahr. Diese Wahrnehmung ist individuelles "Channeling". Wir müssen lernen, als Individuum vollkommen frei zu sein, geführt und sicher. Unsere Eigenverantwortung besteht im Erkennen der alten Muster, ihrer Transformation und dem sinnvollen Einsatz aller uns zur Verfügung stehenden geistigen Hilfsmittel. Mehr ist nicht zu tun, denn dann erfüllen wir mit bester Auszeichnung unseren Plan. Wenn wir verstehen, dass wir Menschen und Tieren aus karmischen Gründen begegnen, dass wir uns alle gegenseitig loslassen dürfen, um zu wachsen und irgendwann die Materie loslassen zu können, wird das Ganze sehr interessant und konstruktiv. Die Materie umfasst auch den Besitz, denn wir sind hier nur Gäste, wir wissen, dass das letzte Hemd keine Taschen besitzt, aber wie viele inkarnieren immer wieder, weil sie ihren Besitz nicht loslassen konnten, oder weil sie immer mehr anhäuften. Die Macht des Besitzes zerstört immer wieder viele Existenzen, und sie zwingt den Menschen immer wieder in den Kreislauf der Materie.

Unsere geistige Führung ist bestrebt, uns das Loslassen zu erleichtern. Wir sollen unseren Plan in Freude erfüllen, unser Leben genießen, das Karma transformieren und dann gehen, wenn der Moment gekommen ist. Viele sprechen vom Aufstieg und einem Neuen Zeitalter – wir müssen uns all das verdienen.

In meiner Arbeit als Medium werden die Menschen – oft zum ersten Mal – mit ihrer geistigen Führung in Verbindung gebracht. Es ist eine Annäherung, eine erste Kommunikation, die gezielt stattfindet. Die energetische Verbindung wird sozusagen hergestellt. Für viele Menschen ist das ein Moment, der sehr zu Herzen geht, denn sie fühlen, dass sie einen alten Freund oder eine Freundin wiederfinden. Es ist, als wäre man lange getrennt gewesen und nun kommt es endlich wieder zu einer Begegnung, die nicht mehr verloren gehen kann. Manche sagen, sie haben das schon lange gefühlt, konnten es aber nicht einordnen. Ich freue mich immer wieder, wenn ich spüre, dass die Menschen "angekommen" sind, dass sie jetzt "wissen", wohin sie sich wenden können, wenn sie Hilfe und Unterstützung brauchen. Diese Ebene bewertet nicht, sie bestraft und unterwirft niemanden, sie ist einfach da und gibt alles, um uns ans Ziel zu führen. Es gibt keine besseren Freunde, denn sie sind nicht an die Materie gebunden.

Es geht aber auch darum, zu verstehen, wie diese Ebene mit uns arbeitet. Viele Menschen verwechseln die geistige Ebene mit einer Auskunftei, indem sie versuchen, über viele Menschen Informationen zu erhalten. Das ist nicht der Sinn dieser Kommunikation. Es geht vielmehr darum, die Feinheit dieser geistigen Anwesenheit zu erlernen. Die Meister sprechen sehr exakt, sie verwenden eine klare und deutliche Sprache, und sie erwähnen alles, was wichtig ist. Man muss lernen, damit umzugehen. Deshalb kann die Sprache der Meister auch schon einmal streng wirken, aber in allem schwingt ein liebevoller Ton und Herzlichkeit. Was mir noch nie begegnet ist, sind Worte, die unserem saloppen Umgangston entspringen. Wir werden konkret informiert, erhalten klare Hinweise, aber in einem respektvollen Ton. Manchmal ist die Sprache der Meister auch etwas veraltet, aber das ist ganz normal.

Es gibt auch Meister, die eine sehr intensive Symbolik in ihrer Sprache benutzen. Manchmal dauert es eine Zeitlang, bis man die Impulse richtig einordnen und nutzen kann. Texte und Informationen, die wir erhalten, ob durch andere oder selbst, wachsen mit uns, sie verändern sich und ihre Bedeutung sieht nach einiger Zeit ganz anders aus. Es ist immer wieder wichtig, sich damit zu beschäftigen, auch um den eigenen Fortschritt zu erkennen.

Wie gehen wir mit neu gewonnenen Erkenntnissen um?

Der Umgang mit Menschen darf uns nie zu viel werden. Jede Veränderung in unserem Leben hat ein Recht darauf, erklärt und akzeptiert zu werden. Nur so erhalten wir die Freundschaften, die uns allen so viel geben.

Distanz ist oft notwendig und lebenswichtig. Nicht zu allen Zeiten sind wir unternehmungslustig und offen für Abwechslung aller Art. Besonders nach dem intensiven ersten Kontakt mit unserer geistigen Führung sind wir vielleicht ein wenig introvertierter als sonst. Es ist so viel Neues zu integrieren und zu verarbeiten, dass wir kein Interesse daran haben, ständig ausgefragt und aus unseren Denkprozessen herausgerissen zu werden. Wir wollen lernen, nach innen zu hören, mehr in die Stille zu gehen.

Wir brauchen unseren Freiraum, und wir haben das Recht zu schweigen und nicht alles preiszugeben. Unser Umfeld muss dies akzeptieren, die Intimsphäre eines jeden Wesens ist kostbar und schützenswert. Dies ist auch eine Form der Eigenliebe, die man für sich entdecken sollte, denn nur wer sich selbst liebt mit allen Schwächen und Stärken, wer sich erkannt hat, kann dies auch bei anderen umsetzen. Wenn wir das Gefühl haben, einmal alleine sein zu müssen, um klarer zu werden in unserer Seele und in unserem Herzen, dann müssen wir uns diese Form der Einsamkeit fordern. Wir schließen ja niemanden aus unserem Leben aus, aber wir sind alle Individuen, die sich auch einmal selbst genug sind. All das stärkt die Impulsfähigkeit und das Erkennen des richtigen Augenblicks für die Kommunikation mit der geistigen Ebene.

Meister Kuthumi hat des Öfteren schon auf das Wesen der Katze aufmerksam gemacht. Ich selbst lebe schon zum dritten Mal in diesem Leben mit zwei Katzen zusammen. Ich sage bewusst, ich *lebe mit ihnen zusammen*, denn sie sind gleichberechtigt. Sie haben ihren Willen, ihre Bedürfnisse, Vorlieben und Abneigungen. Das alles zeigen sie unmissverständlich; wenn sie keine Nähe möchten, verschwinden sie, bis sie es sich wieder anders überlegt haben. Dann kommen sie und fordern ihre Streicheleinheiten.

Gleichzeitig brauchen sie aber auch die Nähe "ihres" Menschen. Sie trauern, wenn ich zu lange weg bin, und sie warten auf mich, weil sie die Gemeinschaft schätzen. Komme ich wieder, sind sie zufrieden und zeigen mir ihre Liebe.

Kuthumi hat darum gebeten, die Individualität dieser Tiere auf den Menschen zu übertragen und gleichzeitig Harmonie und liebevollen Umgang miteinander zu pflegen. Um dies leben zu können, brauchen wir viel Kommunikation, Rücksichtnahme, Toleranz und Akzeptanz. Verletzter

Stolz, Eifersucht und Eitelkeit sind die Hemmschwellen auf diesem Weg.

Auf unserem Weg gibt es aber auch Zeiten des sogenannten Stillstandes. Gerade Menschen, die sich schon länger in Kontakt mit den Meistern befinden, erleben diese Phasen mit gemischten Gefühlen. Sie haben plötzlich das Gefühl des Verlassenseins, nichts geht mehr, alles stockt und sie haben das Gefühl, nichts mehr zu "hören". Gerade das sind dann die Momente, in denen wir lernen, uns noch mehr zu konzentrieren. Wenn ein gewisser Stillstand eintritt, wollen uns die Meister dazu auffordern, uns ihnen wieder mehr zuzuwenden. Vielleicht haben wir alles schon als zu normal betrachtet. Unsere Fortschritte werden uns gar nicht mehr so bewusst, oder manchmal laufen wir wieder einmal in eine Sackgasse, weil unser Verstand wieder zu materiell, zu irdisch arbeitet. Vielen rate ich dann dazu, sich wieder öfter und intensiver an die geistige Ebene anzuschließen. Man muss dann wieder stiller werden, mehr meditieren und auch um die Hilfe bitten.

Niemals darf man vergessen, um die Hilfe zu bitten, sie auch zu fordern, sie kommt sofort. Die Meister der sieben Strahlen haben alle einen speziellen Wochentag für sich reserviert. Jeder Strahl ist einem Tag zugeordnet. An diesem Tag kann man intensiv meditieren und sich an die Energie konstruktiv anschließen. Die fünf weiteren Strahlen und Meister bieten uns ihre Hilfe in den Nachtstunden an. Die Tage sind im hinteren Teil des Buches bei den einzelnen Strahlen ersichtlich.

Es ist alles Übungssache. Man muss es sich immer wieder vergegenwärtigen, dass wir irdisch und die Meister geistig sind, dass aber jederzeit die Kommunikation möglich ist. Es gibt keine Trennung.

An diesem Punkt möchte ich gerne überleiten zu den Aufgestiegenen Meistern der zwölf Strahlen. In meinem Buch "Wesen und Wirken der Weißen Bruderschaft" habe ich die Entstehung und den Aufbau dieser geistigen Hierarchie exakt erklärt und beschrieben. Über diese Ebene sind wir alle ins Geistige verbunden, denn die sieben Strahlen sind die Strahlen der Schöpfung. Die weiteren fünf Strahlen unterstützen den sogenannten Aufstiegsprozess. Über die Tätigkeit der Strahlen in diesem Sinne können Sie alles in meinem Buch "Die Lichtstrahlen der Aufgestiegenen Meister" nachlesen. Dennoch möchte ich an dieser Stelle die markanten Aspekte der Strahlen und die wichtigsten Worte der Meister nochmals einfließen lassen, denn sie runden dieses Buch ab. Man erkennt anhand der Strukturen, dass wir alle optimal mit Energie versorgt und geführt sind. So fällt es jedem Leser wieder leichter, sich auf diese interessante Arbeit alleine, wirklich alleine und im vollen Vertrauen einzulassen. Das ist für mich "Channeling" in der vollendeten Form, wir sollen der geistigen Ebene zeigen und beweisen, dass wir dazu fähig und bereit sind. Es gab und gibt keine Trennung, außer unser Verstand erschafft sie.

Hier also nochmals alle Lenker der sieben Strahlen der Schöpfung, der fünf ergänzenden Strahlen für den Aufstieg und ihre wertvollen Worte.

Die zwölf göttlichen Strahlen und ihre Lenker

Einwirkender Göttlicher Strahl mit Aspekten:	Farbe:	Lenker:
1. Strahl: Wille Gottes, Mut, Kraft, Schutz, Ziele	blau	El Morya
2. Strahl: Weisheit, Erleuchtung, Gelassenheit	goldgelb	Konfuzius
3. Strahl: Göttliche Liebe, aktive Intelligenz,	rosa	Rowena
4. Strahl: Reinheit, Disziplin, Harmonie, Diplomatie	weiß	Serapis Bey
5. Strahl: Konzentration, Wahrheit, Heilung	grün	Hilarion
6. Strahl: Frieden, Heilung, Dienen, Idealismus	rubinrot	Nada
7. Strahl: Vergebung, Transformation, Ordnung	violett	St. Germain
8. Strahl: Unterscheidungsvermögen, Klarheit	aquamarin	Maha Chohan
9. Strahl: Ausgleich, Harmonie, in der Mitte bleiben	magenta	Jesus
10. Strahl: Ruhe, Fülle, Reichtum, Geborgenheit	gold	Kuthumi
11. Strahl: Freude, perfekter Plan, göttliche Aufgabe	pfirsich	Maitreya
12. Strahl: geistige Wiedergeburt, uraltes Wissen	opal	Sanat Kumara

★ ★ ★ ★ ★

1. Strahl
Lenker oder Chohan: EL MORYA

Frühere Inkarnationen und Wirken: U. a. Spartacus; Sethos – der Vater von Ramses II; König Arthus; König Melchior – einer der drei Weisen aus dem Morgenland; König Rajput von Indien; Thomas More; Akbar der Große und Jacques de Molay – letzter Großmeister der Templer

Strahlenfarbe: Königsblau mit weißer Strahlung

Lichttempel: Physisch in Darjeeling in einer Teeplantage

Wochentag: Sonntag

Chakra: Halschakra

Erkennungsmelodie: *Pomp and Circumstance* von Sir Edward William Elgar

Musik für Energiearbeit: *Busindre reel* von Hevia und *In a persian market* von Albert Ketèlbey

Elohim: Herkules und Amazone

Erzengel: Michael und Faith

Aufgabenbereich: Wille Gottes, Schutz, Macht, Kraft, Stärke, Selbstvertrauen

Worte des Meisters El Morya

Liebe Freunde,

ihr wollt erfahren, wie sich meine Aufgabe im Sinne des "Channelings" gestaltet. Mein Aufgabenbereich ist geprägt von Kraft, dem starken Willen und der Zielsetzung, aber auch vom Erkennen und Transformieren alter Muster. Ihr müsst wissen, dass nur der erfolgreich und im Einklang mit sich selbst und seinem Umfeld sein kann, der sich in allen Facetten seiner Existenzen erkennen und schätzen gelernt hat. Ihr solltet verstehen, dass eure alten Leben mit all ihren Anteilen ein unschätzbares Potenzial bieten, ein Potenzial, das von den wenigsten voll ausgeschöpft wird. Ein gewisser Respekt eures Unterbewusstseins ist darauf ausgerichtet, mit äußerster Vorsicht an die Dinge heranzugehen, resultierend aus den alten Erfahrungen, die nicht immer einen positiven Ausgang bescherten. Unbewusste Ängste, Dogmen oder Schuldzuweisungen verhindern die Inanspruchnahme aller zur Verfügung stehenden Ressourcen. Deshalb können nur ein starker Wille, der Mut zum Fortschritt und der Antrieb zur Karmaauflösung der Motor eurer Energie auf dieser Ebene sein. Hier erfolgt meine Schulung.

Eure gesamten Speicher in den Ebenen des Egos bieten euch mannigfache Möglichkeiten zur Entfaltung eurer heutigen Persönlichkeit. Jeder sinnvolle Schöpfungsprozess braucht eine gute, tiefgehende Zielsetzung. Ich versuche euch hier zu unterstützen, indem ich euch immer wieder die Impulse sende, die euch auf neue Wege aufmerksam machen, geprägt von

Neugier, aber auch der Notwendigkeit im Sinne des Fortschritts. Ich schenke euch den Mut und den starken Willen, etwas Neues zu beginnen und auch einmal ein Risiko einzugehen, euch vom Alten zu verabschieden und alles auf eine Karte zu setzen. So musste auch ich oft in meinen Leben entscheiden und handeln, und es hat mir nie geschadet, auch wenn gelegentlich etwas aus dem Ruder lief. Jeder Fehler lässt sich korrigieren, jeder Fehltritt beinhaltet auch euren Mut, auch wenn ihr euch einmal unbeliebt macht.

Viele neue Wege zeigen zunächst intensive Karmastrukturen auf, das muss so sein, damit ihr die alten Blockaden bearbeiten und so transformieren könnt. Deshalb versorge ich euch mit einem gewissen Durchhaltevermögen, das euch immer wieder auf den Punkt bringt, euch nicht verzagen lässt, auch wenn man euch Steine in den Weg legt. Es ist dann wichtig, die alten Muster zu betrachten, keine Angst davor zu haben. Wer den Kopf in den Sand steckt, befindet sich im Dunkeln, wer der Sonne entgegen blickt, sieht klar und deutlich, was ihn erwartet. Die alten Schatten sind da, um im Glanz des Lichts zu verschwinden. Wer geht schon gerne zu einem großen Fest in alten abgetragenen Kleidern? Betrachtet euer heutiges Leben wie ein großes Fest, das ihr als strahlende, wohl genährte und gekleidete Persönlichkeiten besuchen wollt. Stellt euch immer vor, an jedem Tag eures Lebens kann euch die größte Überraschung heimsuchen, und ihr wollt ihr in eurer besten Erscheinung begegnen. Wir wissen, es ist schwer, den starken Willen zu kultivieren, aber nur so könnt ihr einer ereignisreichen Zukunft entgegensehen.

So seid gewiss, ich bin immer da, wenn es um euren Willen zur Tat, euren Mut, eure Ziele und eure positive Macht geht. Lernt diese Impulse aufzunehmen und umzusetzen, dann ist eure Verbindung zu mir perfekt. Wisst, unsere Gespräche mit euch sind unspektakulär und dem Alltag angepasst. Es ist unsere Pflicht, euch so mit Impulsen zu beschenken, dass ihr alles als ganz normal betrachten könnt. Menschen zum Beispiel, die in Führungspositionen sind, die eine große Verantwortung tragen, sind darauf angewiesen, dass ich sie in ihrem Stil anspreche. Ich kann nicht von ihnen verlangen, dass sie sich während einer geschäftlichen Besprechung mit einem Meditationskissen bewaffnen und für eine Stunde zum Sinnieren zurückziehen. Ich muss so auf ihr Halschakra einwirken, dass sie während eines wichtigen Gesprächs das Richtige aussprechen, dennoch muss es ihnen logisch erscheinen, da sie sonst an sich selbst zweifeln. Aber auch ein Vater, der seinem Kind bei wichtigen Entscheidungen und neuen Wegen zur Seite stehen möchte, braucht zur rechten Zeit die rechten Impulse und Worte. Eine Mutter, die ihr Kind bei einem großen Verlust zu trösten hat, braucht bereits in diesem Moment neben ihren richtigen Worten die Weitsicht und den Mut, den neuen Weg zu empfehlen. Sie schenkt Kraft, Zuversicht und all ihre positive Macht, die sie ihrem Kind geben kann. Dies sind kleine Beispiele des täglichen Lebens, aber hier ist meine Aufgabe zu suchen, und hier findet ihr meine Energie.

Ich versorge euer Halschakra, denn es ist der Energiepunkt des blauen Strahls, und so wollen wir uns in einer kleinen Meditation dort treffen:

Meditation zum blauen Strahl

Du ruhst auf deinem Meditationskissen, in der Stille, die du brauchst, um dich mit mir zu verbinden. Prüfe dich, ob du bereit bist, deinen starken Willen zu entwickeln, um deine positive Macht zu verstehen und einzusetzen. Sprich mit dir selbst in deinem Herzen, frage dein Herz, ob es bereit ist, mit Mut und Kraft alle deine Schritte zu unterstützen, die dich Ziele setzen und in die erste Reihe rücken lassen. Wenn du bereit bist, gehe auf die Reise zu mir.

Du schlägst zunächst tiefe Wurzeln in die Erde. Dein Wurzelchakra verankert dich so in der Erde. Dann schließt du deine Augen und atmest tief in alle deine Chakren. Wenn dein Atem fließt und seinen gelassenen Rhythmus gefunden hat, konzentrierst du dich auf dein Halschakra.

Es öffnet sich wie eine große blaue Blüte, als wolle es die Sonne und eine frische Meeresbrise zu seinem Wohlbefinden aufnehmen. Diese frische Energie pulsiert in deinem Hals. Es ist, als weite sich dein Hals, dein Kehlkopf ist offen und bereit, all das auszusprechen, was in diesem Moment in deinen Empfindungen einen Platz hat.

Was fühlst du in diesem Moment, was würdest du gerne mitteilen? Sprich es aus, auch wenn du alleine bist. So übst du deine Impulsfähigkeit.

Dann atme weiter.

Wenn du dir Ziele gesetzt hast, einen starken Willen und Mut brauchst, um die Schritte zu tun, dann lasse alles vor deinem geistigen Auge in der Vollkommenheit erscheinen. Betrachte dich als am Ziel angekommen und erkenne den perfekten Zustand.

Wenn du dazu bereit bist, gebe ich dir jetzt gezielte Hinweise, wie du zunächst den Weg beschreiten kannst. Ich versuche, dein Selbstvertrauen zu festigen, indem ich deine Hand fest drücke und deinen Rücken mit sanftem Druck geraderichte.

Du weißt nun, dass du nicht alleine bist, aber auch, dass nur du die Schritte tun kannst. Du fühlst deine innere Stärke und deine Führungskraft. Alles ist gut.

Genieße diese Kraft und Stärke solange du die Zeit dafür brauchst.

Dann komme langsam wieder zurück in dein Bewusstsein. Wenn du wieder vollkommen wach bist, notiere dir alle Hinweise, die ich dir gab. Komm jederzeit zu mir zurück, damit wir dich so stabilisieren können.

Dein Freund El Morya

★ ★ ★ ★ ★

2. Strahl

Lenker oder Chohan: Konfuzius

Strahlenfarbe: Goldgelb

Lichttempel: Tempel der Präzipitation – physisch im Teton-Gebirge in den Wyoming-Rocky-Mountains in Nordamerika

Wochentag: Montag

Chakra: Scheitelchakra

Erkennungsmelodie: *Oh, du mein holder Abendstern* von Richard Wagner

Musik für Energiearbeit: *Merry christmas Mr. Lawrence* von Ryuchi Sakamoto (CD Galaxy Vol. III)

Elohim: Cassiopeia und Minerva

Erzengel: Jophiel und Constance

Aufgabenbereich: Lehren, alte Weisheit, Erleuchtung, Erkennen alter Künste und des alten Wissens

Worte des Meisters Konfuzius

Liebe Freunde,

worin ist meine Aufgabe im Sinne des "Channelings" zu sehen? Wenn ihr es wünscht, stehe ich euch im Sinne der Weisheit zur Verfügung. Wer in der Materie soll sie euch vermitteln? Jeder Lehrer der Materie ist auch mit sich selbst beschäftigt. Er kann euch Wissen vermitteln, aber keine Weisheit. Selbst altes Wissen, von dem wir sprechen, steht dem irdischen Lehrer nicht in dem Sinne zur Verfügung, dass er es in euch aktivieren könnte. Altes Wissen ist nicht gleich altes Wissen, es bedingt nur die Aktivierung eures eigenen Reservoirs. Das ist ein großer Unterschied, denn für jedes Wesen stellt sich altes Wissen anders dar. Es ist immer die Frage, welche Erfahrungen, Erlebnisse und auch Blockaden ihr damit verbindet. Wer einmal im Einsatz seines Wissens umgebracht wurde, aktiviert es ganz anders als jemand, der damit berühmt und verehrt wurde. Beide mögen das gleiche Wissen besitzen, aber sie stehen damit in unterschiedlicher Verbindung. Das ist auch mit ein Grund, weshalb jedes Wesen altes Wissen anders versteht und umsetzt.

Aus der Nutzung alten Wissens gepaart mit den daraus erwachsenden Resultaten entsteht Weisheit. Weisheit in ihrer Vollendung führt zur Erleuchtung, denn nichts trennt den Menschen mehr von seiner Erfüllung. Es ist meine Aufgabe, euch auf diesem Weg zu begleiten, an welchem Punkt auch immer ihr angelangt sein werdet zum Zeitpunkt eures Verlassens der Materie.

Die Präzipitation, das Erschaffen aus der Urmaterie, ist hier mein absolutes Spezialgebiet. Wer weise Einfluss nimmt, auf seine eigenen und die Ziele des Kollektivs, kann sicher sein, dass er davon in höchstem Maße profitiert. Wissen bedeutet Macht, doch dies im positiven Sinne. So gilt meine Arbeit eurem Einsatz der Intelligenz und des Wissens. Je mehr sich der Mensch dieser positiven Macht bewusst wird, umso stärker kann er auf sämtliche Entwicklungen Einfluss nehmen, das ist ein geistiges Gesetz. Dennoch muss man wissen, dass das im heutigen Leben aufgenommene Wissen in der Regel nicht dazu ausreicht. Das folgt einer Logik, denn wie sollte ein Mensch, der aufgrund seiner heutigen Lebenssituation keine Schulbildung erhalten kann, jemals etwas präzipieren können? Jeder ist in der Lage, am Schöpfungsprozess teilzunehmen, und so ist auch ein Mensch ohne tägliche Bildung in der Lage zu präzipieren, denn seine Bedürfnisse folgen immer seinem Lebensplan. Altes Wissen, das die Seele in die Verkörperung mitbringt, ist immer ein wichtiges Potenzial, das zu nutzen ist. Die geistige Schulung steht jedem Wesen zur Verfügung. Wir werten nicht, sondern wir schulen, da alles dem Plan des Lebens zu folgen hat.

Ich verleihe dem Menschen die Kraft und die Ausdauer, sich zu informieren, philosophisch zu sein, seine Intelligenz einzusetzen, dies auch praktischer Natur, die wichtigen Gänge zu erledigen und nicht nachzulassen im Sinne seiner positiven Neugier. Nichts bleibt dem Wesen so verborgen, was es zu Höchstleistungen ansporren kann und darf. Die geistige Schulung steht jedem zur Verfügung.

Gerade im Tempel der Präzipitation, der euch immer offen steht, ist jede Schulung durch die Aufgestiegenen Meister möglich. Wenn euer Plan steht, eure Ziele aufgestellt und beschlossen sind, kommt dorthin zur Schulung. Der Montag ist dafür ein optimaler Tag. Ich darf euch dort den Weg weisen in eure Weisheit. So lernt ihr den eigenen Weg zu finden, nicht den Weg, den andere gehen oder bevorzugen. Jeder lernt auf seine Art und Weise, jeder prüft sich selbst, wenn es für ihn gut ist, und jeder beschließt, dass er genug gelernt hat, wenn er es fühlt. Niemals entwickeln wir einen Zeitplan, einen Zeitdruck, denn jedes Wesen hat gute und weniger gute Zeiten, um sich der Schulung auszusetzen. Themen des täglichen Lebens und karmische Strukturen können erhebliche Behinderungen darstellen, diese haben wir zu berücksichtigen. So gilt es zu pausieren, Dinge zu erleben und bewältigen, um dann fortzufahren in der geistigen Schulung. Alles zu seiner Zeit, alles in Maßen, der rechte Augenblick ist zu erkennen, um dann fortzufahren und an der Erreichung des gesetzten Zieles weiter zu arbeiten. Das bedingt Erfolg und Eintracht. Ständiger Leistungsdruck und die Vermessenheit des Verstandes, den Menschen zu unterjochen, bringen eine schlechte Leistung als Ergebnis.

Ich versorge euer Scheitelchakra mit der Energie des goldgelben Strahls.

★ ★ ★

Meditation zum goldgelben Strahl

Du ruhst auf deinem Meditationskissen, in der Stille, die du brauchst, um dich mit mir zu verbinden. Eine goldgelbe Kerze verteilt ihr warmes Licht im Raum, und eine leise Musik im Hintergrund begleitet dich. Bist du bereit, dich mit mir zu treffen, um deiner Weisheit den Weg ins Scheitelchakra zu ebnen? Weise zu sein erfordert gleichzeitig Demut, eine Demut auch dir gegenüber, wenn du zu fühlen beginnst, wie alt du wirklich bist. So erlangst du die Fähigkeit, dein wirkliches, dein altes Wissen wieder zu erlangen. Wenn du bereit bist, gehe auf die Reise zu mir.

Du schlägst zunächst tiefe Wurzeln in die Erde. Dein Wurzelchakra verankert dich so in der Erde. Dann schließt du deine Augen und atmest tief in alle deine Chakren. Wenn dein Atem fließt und seinen gelassenen Rhythmus gefunden hat, konzentrierst du dich auf dein Scheitelchakra. Es leuchtet wie eine große, violette Blüte, die langsam ihre Blätter öffnet. Inmitten der Blüte öffnet sich ihr Kelch, der von Haus aus goldgelb gefüllt ist. In diesen Kelch lässt du meine goldgelbe Energie fließen, als würdest du ihn bis zum Rand füllen. Versuche ein Gefühl dafür zu bekommen, wie sich diese Blüte nun fühlt. Kannst du fühlen, dass sie ein Gefühl der Vollkommenheit entwickelt? Beobachte ihr Aussehen, sie wirkt vollkommen, würdevoll und "erblüht".

Wir möchten, dass auch du dich so fühlen kannst, wenn dich die goldgelbe Energie der Weisheit einhüllt. Versuche nun, mit all deinen Sinnen in diese Blüte einzutauchen, als dürfe sie dich komplett aufnehmen. Du verbindest dich mit ihr, sie wird für dich zur Heimat, zur Wohnstatt.

Während du dich in ihr zu Hause fühlst, versuche geistig über dich hinauszuwachsen. Ich zeige dir alles, was du zurzeit an Wissen benötigst. Wo kannst du nachschlagen, nachlesen, wie kannst du dich informieren, wer hält für dich die besten Informationen bereit? Gilt es für dich noch etwas zu studieren, zu lernen, dich weiterzubilden in der Materie, damit auch dein Gehirn mit der wichtigen Nahrung versorgt wird?

Vielleicht siehst du dich aber auch selbst als Lehrer, als der, der das Wissen vermittelt. Was gilt es zu beachten, wie verstehen dich deine Schüler, solltest du deine Lehrmethoden verändern, oder wen gilt es loszulassen?

Was dir wichtig erscheint, notiere dir, denn der Verstand sucht später nach den richtigen Worten, und diese entfernen sich dann zu stark von den wichtigsten Impulsen. Ich weiß, es ist recht anstrengend, aber so kommst du am schnellsten vorwärts. Nimm dir genügend Zeit für dich selbst.

Dann komme langsam wieder zurück in dein Bewusstsein. Komm jederzeit zu mir zurück, damit ich dich schulen kann.

3. Strahl
Lenkerin oder Chohan:
Lady Rowena

Frühere Inkarnationen und Wirken: Priesterin in Atlantis; Aphrodite; Johanna von Orleans; Hl. Bernadette; Marie Antoinette; Maria Stuart

Strahlenfarbe: Rosa

Lichttempel: Ätherisch in Südfrankreich im Rhônetal – Chateau de Liberté

Wochentag: Dienstag

Chakra: Herzchakra

Erkennungsmelodie: *Marseillaise*

Musik für Energiearbeit: *Et les oiseaux chantaient* von Sweet People

Elohim: Orion und Angelika

Erzengel: Chamuel und Charity

Aufgabenbereich: Freiheit, Toleranz, Barmherzigkeit, Schönheit, göttliche Liebe

Worte der Meisterin Rowena

Geliebte Freunde,

ich möchte euch erklären, wie meine Aufgabe im Bereich des "Channelns" zu sehen ist. Der rosa Strahl erfüllt vielseitige Aufgaben. Einmal wende ich mich als Lenkerin des Strahls eurem Herzen zu, indem ich die Menschlichkeit, die Barmherzigkeit, die Toleranz und die persönliche Freiheit schule. Kreativität gehört auch zu meinen Aufgaben, auch die Kreativität des Alltags, der Bewältigung eurer Aufträge. Die aktive Intelligenz ist mein Instrument im Sinne des Erschaffens aus der Urmaterie.

Mit all diesen Eigenschaften versuche ich, in euch ein Feuer zu nähren, das die menschliche Ebene erwärmt, aber auch die Intelligenz zu Höchstleistungen anspornt. Euer Herzchakra nimmt die Strahlkraft des rosa Strahls auf, um vor dort aus im Sinne dieser Energie zu wirken. Wisst, ein Mensch mit "Herz" kann nicht anders als von Herzen lieben, führen, erschaffen, begleiten und auch korrigieren. Die Liebe des Herzens vermag alles. Sie erwärmt jeden Satz, jedes Wort und gibt ihm die Bedeutung der Großartigkeit der Wertschätzung. Es ist gleich, ob ihr euch im Freundeskreis bewegt, in der Familie oder im Geschäftsleben, das Herz und seine liebende Energie vermag alles.

Viele Menschen denken, wenn sie herzlich sind, verlieren sie an Führungskraft oder Strenge, die sie benötigen, um ihre Position zu schützen. Doch das ist keine sinnvolle Einstellung zum Leben. Herzlichkeit verhindert nicht die Klarheit und

115

Intelligenz, im Gegenteil, eure Mitmenschen lernen euch zu schätzen in der Fü(h)rsorge und im Führen.

Ich habe diese Eigenschaften in euch zu entfachen und zu verstärken, und wenn ich sehe, ihr seid offen für meine Impulse, kann ich euer Herz auf diese Art stärken. Die aktive Intelligenz sorgt dafür, dass ihr stabil in eurer Lebensführung seid, in eurem Geschäftssinn und der Tüchtigkeit. Ihr alle habt es verdient, auch wirtschaftlich erfolgreich zu sein und als kompetente Partner wahrgenommen zu werden. Euer verbaler Ausdruck, der euch den Erfolg bescheren mag, muss geschult werden, immer in Verbindung mit eurer Herzensqualität. Wer nicht aus dem Herzen spricht und handelt, wird auf Dauer nicht erfolg–reich sein. Die Art des kreativen und menschlichen Umgangs miteinander lässt alle profitieren und an einem Strang ziehen. Das Übervorteilen wird sich so mehr und mehr auflösen, Neid und Eifersucht gehören dann der Vergangenheit an, da jeder dem anderen den Erfolg gönnt. Die Machtpositionen aus Überlegenheit und Stolz verlieren ihren Reiz, da das Miteinander den wahren Erfolg inszeniert. Für all diese Attribute muss man kämpfen, dazu gehört auch viel konstruktive Arbeit, beispielsweise in der erfolgreichen Karmabearbeitung. Wenn die alten Muster der Macht gelöst sind, kann nur noch die Brüderlichkeit herrschen. Dann erhält auch der Begriff des Loslassens ein ganz anderes Gesicht, denn nur was wir loslassen, kommt freiwillig zurück, und das für immer. Die persönliche Freiheit für Mensch und Tier ist sehr wertvoll, sie beflügelt die gesamte Struktur des Egos. Versucht alle, davon zu profitieren. Jedes Wesen soll so leben und lieben, wie es in seinem Idealbild vorhanden ist. So hört auf, euch gegenseitig zu beschneiden, beginnt in eurer Freiheit zu lieben, zu denken, zu fühlen und zu handeln. Die Freiheit der Persönlichkeit kann nur dazu beitragen, dass jedes Wesen frei von Angst und Demütigung leben und arbeiten kann. Beschneidet niemanden, engt niemanden ein, lasst los, auch wenn ihr ein Wesen einmal aus den Augen verliert, das Herz umfängt immer das, was es liebt. Die scheinbare Trennung kann immer im Geiste überwunden werden. So erging es mir in vielen meiner Leben. Wie oft war ich von denen getrennt, die ich von ganzem Herzen liebte, dennoch war ich immer bei ihnen, schöpfte ich die Kraft der Liebe aus der Energie der alles überwindenden Freiheit des Geistes. Ihr seid immer und überall vorhanden mit eurem Herzen und eurem Geist. Das Herz muss üben, frei und überwindend zu sein, dann ist es in der Freiheit geschult. Es übt das Loslassen, nicht das Umfangen.

So werdet ihr zum Beispiel auch feststellen, dass ihr im Laufe der Zeit die über viele Jahrhunderte gepflegten Feste der Begegnung, der Liebe gar nicht mehr im alten Glanz betrachtet. Wer immer liebt und sich in Liebe begegnet, braucht kein Ritual, keine feste Zeit für die Bezeugung der Kraft des Herzens. Löst euch von Ritualen und Zeremonien der Liebe, von festgeschriebenen Phasen der Zuneigung, damit euer Herz ständig vor Liebe und Demut überfließen kann. Dann feiert ihr täglich ein Fest der Liebe. Ich pflege euer Herz, aber auch eure Intelligenz.

Meditation zum rosa Strahl

Suche dir deinen Platz der Ruhe und des Herzens. Ich warte dort auf dich. Nimm dann Platz auf deinem Meditationskissen und komme in Ruhe bei dir an. Ich möchte versuchen, dich über meine Impulse des Herzens zu erreichen, damit du zu jeder Zeit in der Lage bis, dein Herz sprechen zu lassen. Das ist das liebende Arbeiten in meiner Energie, und zwar zu jeder Zeit, an jedem Ort. Schließe deine Augen und stelle dir dein Herz in seiner physischen Form vor. Wie sieht es für dich aus? Welche Farbe hat es heute? Leuchtet es hell und warm, oder trägt es Spuren von Verletzungen, Emotionen und belastenden Gedanken?

Nun wünsche dir eine gesunde, lichtvolle Farbe für dein Herz, eine Farbe, die dir heute, in diesem Moment alle Kraft verleiht, um deine Aufgaben, Projekte und deine allumfassende Liebe zu unterstützen. Wie sieht diese Farbe heute aus? Wenn du sie für dich entdeckt und empfunden hast, lasse sie in dein Herz fließen, bis es vollkommen gefüllt ist und sich eine grenzenlose Wärme bemerkbar macht. Dein gesamter Oberkörper wird davon genährt, dein Rücken, deine gesamte Wirbelsäule profitiert davon. Lasse diese Wärme deinen ganzen Körper erfassen und verweile so ein paar Minuten.

Dann stelle dir die Menschen oder Tiere vor, mit denen du zurzeit Probleme hast. Nimm sie wahr in ihrer Energie, bleibe in deiner Energie geschützt, denn deine Energie wird vom Herzen her gestützt. Sprich nicht mit ihnen, denn deine Gedankenebene kann sich immer noch konfliktbezogen äußern. Lasse sie einfach deine Herzensenergie schauen. Biete ihnen an, sich daran zu bedienen, indem sie entsprechend mit dir umgehen und kommunizieren. Dann lasse dein Herz "sprechen". Es folgt keinen Gedanken und es bedient sich keiner verbalen Ausdrucksweise, es erfüllt dich nur mit Liebe und Wärme, mit dem besten Bestreben nach vollkommener Harmonie.

Dann schau, wie sie sich verändern, wie ihre Energie eine andere Ausdrucksform erhält. Denke nicht, fühle und empfinde, das ist wichtig. Wenn du diese Übung gezielt beherrschst, wird es dir gelingen, sie im Alltag an jedem Ort und zu jeder Zeit zu vollziehen. Geübt in der Materie erzeugt sie eine vollkommen neue Form von Kommunikation und ein anderes Zugehen aufeinander. Du wirst lernen, dich innerhalb von Minuten auf die Energien einzustellen und positiv zu strahlen. Dadurch wird jegliche Form von Manipulation verhindert, denn du lässt jedem Wesen den Weg in die Harmonie offen.

Höre nicht auf zu üben, du wirst speziell bei Tieren eine deutliche Veränderung verzeichnen, und das ist der beste Beweis für die Energieerhöhung des Herzens.

Ich wünsche dir Kraft, Demut und die reine Liebe des Herzens.

4. Strahl
Lenker oder Chohan: Serapis Bey

Frühere Inkarnationen und Wirken: Priester in Atlantis; Hl. König Balthasar; Spartanerkönig Leonidas; Phidias – Architekt in Griechenland; Erbauer des Tempels von Theben; als Amenophis III Erbauer des Tempels von Karnak; Imhotep – Erbauer der ersten Pyramide in Gizeh

Strahlenfarbe: Weiß

Lichttempel: Ätherisch über Luxor – Ägypten

Wochentag: Mittwoch

Chakra: Wurzelchakra

Erkennungsmelodie: *Liebestraum* von Franz Liszt

Musik für Energiearbeit: *Theme from Caravans* von Mike Batt with the London Philharmonic Orchestra

Elohim: Claire und Astrea

Erzengel: Gabriel und Hope

Aufgabenbereich: Reinheit, Disziplin, Aufstieg, Stärke

Worte des Meisters Serapis Bey

Geliebte Freunde,

ich übernehme auf dem Gebiet des "Channelings" unterschiedliche Aufgaben. Einerseits schule ich eure Disziplin, das Durchhaltevermögen und das klare Konzept einer jeden Präzipitation. Andererseits stehe ich ein für Harmonie, Schönheit und Ästhetik. Diese Aufgabengebiete stehen sich nicht im Wege, denn gerade sportliche oder künstlerische Leistungen sind getragen von sämtlichen Aspekten.

Ich selbst habe diese Bereiche in vielen meiner Inkarnationen betreten und ich muss sagen, es war nicht immer leicht, ein entsprechendes Niveau zu halten. Man ist Mensch, und es ist an manchen Tagen schwer, allen Anforderungen gerecht zu werden. Wenn Disziplin gefragt ist, wird man sehr schnell müde und lustlos, vor allem dann, wenn man Probleme verschiedener Art zu bewältigen hat. Gerade die Präzipitation, die sich täglich über viele Projekte erstreckt, bedarf einer starken Disziplin, einer ständigen Prüfung der einzelnen Konzepte, und so mancher Fehler oder Misserfolg erschwert es dem Menschen, diszipliniert und auch in der Harmonie zu bleiben. Ich kenne das allzu gut, und so ist es mein größtes Anliegen, euch hier zu unterstützen. Ich sehe oft mit Bedenken eure Selbstvorwürfe, wenn es euch schwer fällt, den geraden Weg zu gehen. Schuldgefühle, Gewissensbisse, aber auch ein vorschnelles Aufgeben sind die Folgen. Das muss nicht sein, denn es ist euer Recht, auch Schwächen zu erleben. Für mich als Energiespender ist es allerdings recht schwierig, in solchen Momenten korrekt wahrgenommen zu werden, denn nicht selten fühlt man meine Energie dann als Belastung, als etwas, das man in diesen Momenten gar nicht gebrauchen kann. Es ist, als vernimmt man eine Vorwärtsbewegung, obwohl man auf der Stelle verweilen möchte, wie etwas Paradoxes. In einem solchen Moment jedoch solltet ihr dieses Empfinden als positiv betrachten, denn es zeigt euch, dass ihr mich wahrnehmen könnt. Eure Verbindung zu mir besteht, auch wenn ihr meine Energie in diesem Augenblick nicht umsetzen möchtet. Sie kann gespeichert und bei Bedarf abgerufen werden, und ihr wisst, ihr könnt meine Hilfe jederzeit erneut anfordern.

Meine Energie sucht zunächst den Weg in euer Wurzelchakra, indem sie euch Kraft und Erdung verleiht. Von dort aus könnt ihr sie in die Speicher der einzelnen Körper des Egos lenken, um sie dort entweder sofort sinnvoll einzusetzen oder zu konservieren. Das weiße Licht enthält alle Farbanteile des Lichts, damit sie bei Bedarf entsprechend vorhanden sind.

Menschen, die sich meiner Energie vermehrt oder im ständigen Rhythmus bedienen, strahlen dementsprechende Kraft und Disziplin aus, sie können euch so motivieren und führen. Gerade meine Lichtschüler sind hier gefordert, Menschen zur Seite zu stehen, die hier Schwächen zeigen. Bedenkt, gerade im Sinne der Präzipitation befinde ich mich in einer diffizilen Position, denn ich bin immer wieder gefordert, den Menschen das klare Konzept abzuverlangen. Es ist nicht leicht, sich immer wieder selbst zu hinterfragen und zur Disziplin anzuspornen. Bestehen hier Konflikte, leiden auch Schönheit und Harmonie, und nicht selten gerät so ein Plan ins Wanken. Die Arbeit mit mir kann sehr anstrengend sein, doch sie zahlt sich aus, denn umso schneller kommt ihr ans Ziel. Meine Impulse sollen euch bestärken, herausfordern und harmonisch denken, fühlen und handeln lassen. Wenn sie euch erreichen, lernt ihr, wie intensiv ein Augenblick sein kann, wie er in der Lage ist, euer Leben zu verändern. Ein solcher Augenblick kann nur dann sein, wenn ihr bei euch seid, wenn ihr bereit seid für dieses Erleben. Kein anderer Mensch kann euch diesen Augenblick schenken oder bereit stellen, denn er ereignet sich dann, wenn ich sehe, ihr seid seiner bedürftig.

★ ★ ★

Meditation zum weißen Strahl

Du hast deinen ruhigen Platz gefunden und du bist absolut geerdet. Dein Wurzelchakra gibt dir ein Gefühl der Festigkeit und Stärke. Lass deinen Atem dorthin fließen und folge ihm. Was bewirkt er in deinem Wurzelchakra? Konzentriere dich vollkommen auf dieses Empfinden. Nichts kann dich jetzt ablenken, du bist ganz bei dir, deine Augen sind geschlossen.

Definiere nun für dich ein Thema, das die Energie des weißen Strahls intensiv erfordert. Es ist wichtig, dass du dir selbst erklärst, weshalb du meine Energie so stark benötigst. Definiere mindestens sieben Aspekte, die dafür einstehen. Jedem dieser Aspekte verleihe dann die Form eines Sterns. Stelle dir ein Firmament vor, an dem diese sieben Sterne weiß leuchtend zu sehen sind. Ihre Strahlkraft ist schwach, aber man sieht sie. Betrachte jeden einzelnen Stern und sprich mit ihm. Gib ihm seinen Namen und bitte ihn, dir zu zeigen, welche Farbe er braucht, um strahlend zu leuchten. Dann lenke zunächst einen weißen Lichtschweif zu ihm hin und schau, wie er sich in weißes Licht hüllt. Dann verwandelt sich das weiße Licht in die Farbe, die dein Stern sich gewünscht hat. Er strahlt in der schönsten Farbe, und nun kannst du mit ihm sprechen. Wie fühlt er sich jetzt? Kann er mit dieser Energie zufrieden sein, hat er sich stabilisiert? Wenn ja, ist es gut. Dann kannst du zum nächsten Stern wandern. Wenn nein, lasse ihn eine andere Farbe wünschen, bis er zufrieden und wohl versorgt ist.

Wenn du alle sieben Sterne mit Energie angereichert hast, bitte sie, in den Ebenen deines Egos im Lichtkörper ihren Platz einzunehmen. Denke nicht lange darüber nach, beobachte ihre Reise und heiße sie dort willkommen, wo sie sich niederlassen. Sie wissen, wohin sie gehören, sei sicher. Sei ihr Gastgeber und bedanke dich für ihren Besuch. Sie werden dir all das schenken, was du brauchst, um deinen Weg erfolgreich fortzusetzen. Ich setze auf deinen Erfolg. Versuche es.

★ ★ ★ ★ ★

5. Strahl
Lenker oder Chohan: Hilarion

Frühere Inkarnationen und Wirken: U. a. Apostel Paulus; Hippokrates; Hl. Benedikt; Hl. Christophorus, Galen

Strahlenfarbe: Grün

Lichttempel: Ätherisch über Kreta

Wochentag: Donnerstag

Chakra: Drittes Auge

Erkennungsmelodie: *Onward Christian Soldiers* von Arthur Seymour Sullivan

Musik für Energiearbeit: *Love is everything* von Beautiful World (CD Forever)

Elohim: Vista und Kristall

Erzengel: Raphael und Mutter Maria

Aufgabenbereich: Konzentration, Wahrheit, Heilung

Worte des Meisters Hilarion

Geliebte Freunde,

in meiner Tätigkeit als Lenker des smaragdgrünen Strahls stellt sich mir immer wieder eine sehr schwierige Aufgabe. Gerade dann, wenn es darum geht, euch im Sinne der geistigen Impulse zu schulen, wird die Arbeit mit mir als sehr anstrengend und aufwendig empfunden. Das mag sein, doch Freunde, es war schon immer sehr undankbar, der Wahrheit ins Auge zu blicken. Dennoch, nur die Wahrheit kann zur Heilung führen. Ich schule zunächst die Konzentration. Wenn ihr also meine direkte Hilfe in Anspruch nehmen wollt, ist die gezielte Konzentration ein absolutes Muss. Euer drittes Auge ist das Werkzeug der Konzentration und der Wahrheit. Nur dort kann ich sinnvoll wirken. Wollt ihr also meine direkte Hilfe im Sinne des "Channelings", dann führt der Weg über euer drittes Auge. Was brauchen wir zur Konzentration? Wenn es euch hilft, versucht sie zunächst zu ritualisieren, das heißt, versucht sie gezielt zu trainieren, indem ihr euch Ort, Zeit und Rahmen für die Übungen aussucht. Die Meditation, Yoga-Übungen, aber auch Zeremonien, Tänze, Trommeln, gleich was euch in die Konzentration bringt, setzt dafür ein. Wir sind hier nicht an die Stille gebunden, das ruhige Sitzen, die Versenkung. Selbst ein Waldspaziergang kann die Konzentration aufs höchste schärfen. Das Sitzen am Wasser, der Besuch einer Kapelle, das Beobachten von Tieren, schlafenden Kindern, eine gute Musik oder das Rauschen eines Blätterwaldes kann euch helfen, zu euch und zu eurer Konzentration zu finden. Es ist euch überlassen, wo ihr mich findet.

Ist die Konzentration hergestellt, folgen die Impulse. Sie bahnen den Weg zur Wahrheit. Nicht selten ereignet sich eine Wahrheit, die schmerzt, unangenehm oder unerwartet einfach ist. Plötzlich wird euch Einiges klar, definierbar, begreifbar und vielleicht nicht mehr ertragbar. Es kann euch wie Schuppen von den Augen fallen, es kann erleichtern, Frieden bringen, Gelassenheit durch Verstehen, Mitleid; Empathie und Loslassen werden einfacher.

Es geht immer darum, die Wahrheit, die sich zeigt, zuzulassen und zu akzeptieren, auch wenn sie im ersten Moment nicht unbedingt vernünftig ist. Lasst sie in euch wirken, ihren Weg suchen zum Herzen. Wenn sie dort angekommen ist, kann sie verinnerlicht werden, sie wird zu einem neuen Bestandteil eures Lebens, denn erst dann kann sie zur Heilung führen. Eine Wahrheit, die nicht in euerem Herzen angekommen ist, verselbständigt sich und kann dann auch zur Lüge werden, zum Selbstbetrug oder zur Selbstkasteiung. Ein aufgenommener Impuls, der sich nicht zur Wahrheit entwickeln durfte, kann unglaublich schnell zum Dogma werden, kalt, rechthaberisch und unumstößlich. Nur der "wahre" Impuls ist gerecht, hat eine gesunde Basis und verleiht Tatkraft aus Überzeugung.

Die Heilung, die dann daraus folgt, hat Bestand, bringt neue Ebenen und gesunde Zustände hervor. Gerade im Sinne der Präzipitation erfülle ich hier mehr als einmal eine undankbare Aufgabe. Wie schnell verrennt sich der Mensch in Dogmen, Halbwahrheiten und materielle Bequemlichkeiten; Hauptsache, es geschieht etwas. Aktionismus und schnelles Handeln lassen den Menschen scheinbar erfolgreich erscheinen. Das sind Ziele, die sehr schnell verblassen und fallengelassen werden. Menschen wenden sich immer neuen Aktivitäten zu, sie verweilen nicht bei einer Sache, sondern suchen immer neue Wahrheiten. Jeder wird um seine Meinung gefragt, gute Argumente lassen neue Wege erblicken, den Versuch ist es wert. Wisst, dadurch werdet ihr müde, ausgelaugt, und der Erfolg bleibt aus. Wenn ihr bereit seid, der Wahrheit ins Auge zu blicken, mag euch der Weg schwerer erscheinen, mühsamer und nicht selten einsamer, aber die Ergebnisse werden euch recht geben. Der Weg der Wahrheit ist der Weg des Lebens. ("Ich bin der Weg, die Wahrheit und das Leben!")

In vielen meiner Leben hatte auch ich mit der Wahrheit zu kämpfen, doch am Ende siegte sie immer. Wie oft hatte ich die Menschen mit der Wahrheit zu konfrontieren, indem ich ihnen immer wieder zeigen musste, dass sie sich ihre eigene Wahrheit kreiert hatten, um schneller zum Erfolg zu kommen. Eine erschaffene Wahrheit, eine manipulierte Wahrheit wird sich rächen, da sie an den geistigen Gesetzen scheitert. Die Wahrheit existiert, man muss sie nicht erschaffen, sondern zulassen, dann ist sie in der Lage, zu heilen. Diese Heilung jedoch entsteht nur aus der Selbstreflexion. Deshalb kann die reine Wahrheit nur im Inneren wahrgenommen werden und dort die Heilung auslösen. Ich helfe euch dabei, der Eingebung des Augenblicks zu folgen.

Meditation zum grünen Strahl

Du hast deine Form der Konzentration gefunden. Du weißt, wie du dich am besten konzentrieren und auf dich selbst einlassen kannst. Lass dich von niemandem stören. Es ist sehr wichtig, dass du alleine bist, denn jede anwesende Aura nimmt Einfluss auf deine Konzentration. Diese Meditation solltest du stets alleine üben.

Du spürst dein drittes Auge. Ein leichter Druck auf deiner Stirn lässt dich wahrnehmen, dass du in dir angekommen bist. Empfinde diese Stelle deines Kopfes ganz bewusst. Stell dir vor, dein drittes Auge leuchtet wie ein strahlender Smaragd. Ein leichtes Pulsieren ist spürbar. Was macht diese Farbe mit dir? Beobachte sie, bis du spürst, eine leichte Wärme durchflutet deine ganze Stirn. Hast du eine Frage, belastet dich etwas sehr in deinem Herzen? Was ist es für ein Thema?

Übergib dieses Thema der Wärme, die nun deinen ganzen Kopf durchflutet. Dein Kopf wird leicht, die Wärme durchwandert deinen Nacken und sucht ihren Weg durch deine Wirbelsäule. Während sie dein Herz durchflutet, siehst du klare Bilder vor deinen Augen. Es sind Bilder, Symbole oder Botschaften, dein Thema betreffend. Du erhältst Antworten auf all deine Fragen und Probleme. Lasse sie zu, auch wenn du nicht damit gerechnet hast.

Bewerte nichts, lasse einfach zu, denn es ist die Wahrheit. Du wirst sie auch nicht mehr verlieren. Sie ist bei dir angekommen, sie ist präsent. Wenn es dir gut tut, schreibe dir später alles in ein Tagebuch. So kannst du immer wieder deine Wahrheit finden.

Es liegt nun an dir, alles, was du erfahren hast, in deinem Alltag umzusetzen. Mit ein wenig Übung wirst du erfahren, wie sich Heilung wirklich vollzieht.

Sei, wer du bist.

6. Strahl
Lenkerin oder Chohan: Lady Nada

Frühere Inkarnationen und Wirken: Priesterin in Atlantis; Maria Magdalena; Klara von Assisi; Scholastika (Schwester des Hl. Benedikt); Teresa von Avila, Hildegard v. Bingen

Strahlenfarbe: Rubinrot mit Gold

Lichttempel: Ätherisch über dem Golf von Kalifornien

Wochentag: Freitag

Chakra: Solarplexus

Erkennungsmelodie: *Serenade* von Franz Schubert

Musik für Energiearbeit: *Sunday, Afternoon, Hands and Clouds* von Andreas Vollenweider

Elohim: Tranquilitas und Pacifica

Erzengel: Uriel und Donna Grazia

Aufgabenbereich: Frieden, geistige Heilung, echtes Priestertum, Hingabe, Dienen, Gnade, Mitglied des Karmischen Rates

Worte der Meisterin Nada

Meine lieben Freunde,

ich habe im Sinne der geistigen Verbindung mit euch viele Aufgaben zu erfüllen. Meine Energie soll euch einerseits dabei unterstützen, Liebe zu allem und jedem zu fühlen und zu leben; ich möchte euch helfen, euch als großartige Wesen angenommen zu fühlen und anderen das Gefühl zu vermitteln, dass sie von euch angenommen sind. Die Liebe ist die Grundlage des Friedens, der Eintracht und des gesunden Herzens. Nur wer bedingungslos lieben kann, hat gelernt loszulassen, und das ist meine nächste Aufgabe.

Ich weiß, es ist oftmals nicht leicht, mit mir zu arbeiten, gerade dann, wenn man meine Energie aufnehmen und umsetzen darf. Ich habe viele Menschen ständigen Prüfungen auszusetzen, denn gerade das Thema des Loslassens ist für viele so schwer. Jede Schöpfung in der Materie ist ein gewaltiger Prozess, es fängt bei der Menschwerdung an, und es hört mit dem Tod auf. Dazwischen liegen Tausende von Präzipitationen, die ein Mensch ins Leben ruft. Ein Menschenleben ist geprägt von ständigen Schöpfungsprozessen. Ihr seid euch dessen in der Regel gar nicht bewusst. Auf dem Weg von der Zielsetzung bis zum Ergebnis werdet ihr von allen Meistern, Erzengeln und Atlantern begleitet und unterstützt. Dann, am Ziel, wenn ihr euer Ergebnis in den Händen haltet, beginnt meine Prüfung. Ich muss euch immer wieder vor die Frage stellen, ob euer Ergebnis wirklich dem Ideal entspricht, oder ob ihr euch mit einem Kompromiss zufrieden gebt. Es ist euer Recht, den optimalen Zustand zu erreichen, doch den Weg dorthin müsst ihr selbst beschreiten.

Ist das Ergebnis absolut zufriedenstellend, ist es meine nächste Aufgabe, euch das Loslassen zu vermitteln. Für viele Menschen ist das der schwierigste Prozess, da sie glücklich sind, etwas Großes erreicht zu haben. Sie möchten dann nicht loslassen, aus Angst, sie könnten das Erschaffene wieder verlieren. Alles, was euer Plan für euch bereit hält, ist erreichbar, doch damit ist es nicht zu Ende. Ihr müsst lernen, loszulassen, damit ihr euch für weitere Projekte vorbereiten könnt. Andernfalls bleibt ihr auf der Stelle stehen, es kann sich nichts Neues ereignen, und das ist sehr schade. Loslassen heißt nicht, sich von etwas unwiderruflich zu trennen, es ist lediglich ein Prozess der Dankbarkeit, des Annehmens und der persönlichen Freiheit, neue Wege zu gehen. Wenn wir sehen, ihr lasst los, können wir euch unverzüglich auf weitere, neue Wege führen. Der Plan kann sich weiterhin erfüllen, und ihr werdet sehen, dass es immer noch eine Steigerung gibt. Habt ihr also ein Ziel erreicht, seid dankbar, freut euch über das Ergebnis und seid bereit für neue Projekte. Auch das beste Ergebnis kann noch übertroffen werden. Manchmal jedoch bedeutet das Loslassen tatsächlich große Veränderungen. Hat ein Mensch zum Beispiel ein wunderschönes Haus erschaffen, in dem er sich sehr wohl fühlt, möchte er es natürlich nicht mehr verlassen. Das ist allzu menschlich, aber es ist wirklich menschlich, denn auf der geistigen Ebene sehen wir das ganz anders. Ihr seid überall nur zu Gast, ihr erschafft euch eure Domizile, eure Arbeitsplätze, Familien und Freundeskreise. All das ist immer wieder ein rein temporärer Zustand. Sieht nun der Lebensplan dieses Menschen weitere große Veränderungen vor, die ihn zum Beispiel auf einen anderen Kontinent führen, muss er lernen, das Erschaffene loszulassen, und zwar wirklich über die Trennung. Das ist oft sehr schwer, das wissen wir, da vieles mit großer Mühe geschaffen wurde, aber es ist nicht zu ändern. Je freier ihr seid, je weniger ihr euch an die Materie bindet, umso schneller kommt ihr auf eurem Weg vorwärts. So ist es auch mit euren Kindern. Ihr gründet eine Familie, ihr seht eure Kinder aufwachsen, ihr begleitet sie mit ganzem Herzen, und dann als Erwachsene wollen sie die Welt erobern, auswandern, gefährliche Berufe ergreifen. Ihr müsst sie loslassen, damit sie ihren Plan erfüllen können. Ich weiß, wie schwer das ist. Alle aufgestiegenen Meister erfüllen ihre Aufgaben aus irdischer Erfahrung. Auch wir mussten unsere Themen in der Materie erfüllen. Als Maria Magdalena musste ich Jesus loslassen, damit er seinen Weg in der Erfüllung seines Auftrags gehen konnte. Es war nicht leicht, aber es musste sein. Hätte ich ihn festgehalten, wäre sein Plan gescheitert. Ich war damals auch nur ein Mensch, und mein Herz tat auch weh, aber auf der geistigen Ebene blieben wir verbunden. All das zu üben ist sehr schwer, es kann ein Menschenleben sehr belasten, aber es kann es auch erfüllen.

Bei all diesen schwierigen Themen darf ich euch helfen. Wer wirklich liebt, kann loslassen. Er kann sich selbst und jedes andere Wesen allen wichtigen Prozessen aussetzen, ohne einsam zu sein. Im Herzen bleibt ihr eins. Ich helfe euch durch alle Impulse, diese positive Macht zu erlangen, denn sie gibt euch eine große Würde, sie hilft euch, über den Dingen zu stehen und zu wachsen.

Fordert meine Hilfe, ich komme sofort.

Meditation zum roten Strahl

Du bist in deiner Mitte und in deiner Ruhe ange-kommen. Fühle deinen Solarplexus. Er ist das Zen-trum deiner positiven Macht, einer Macht, die weiß, was Liebe vermag. Ich will dir helfen, eine Macht des Herzens zu empfinden, die in der Lage ist, über allen Dingen zu stehen, die weiß, dass alles gut wird, dass alles einem Plan folgt. Du wirst dich davon selbst überzeugen dürfen.

Atme tief die Energie des rubinroten Strahls in dei-nen Solarplexus. Fühle die Wärme des Strahls, wie er deine gesamte Körpermitte erfüllt. Du bist von dieser Wärme getragen. Nun bitte die Menschen, Tiere, Projekte, gleich was dir nahesteht und sich positiv gefügt hat, mit dir im Kreis zu sitzen. Stell dir vor, in der Mitte befindet sich ein großer, kugelförmiger Rubin, der sich langsam im Kreis dreht. Er ist glasklar, und er leuchtet mit einer solchen Intensität, dass du jeden darin erkennen kannst. Nun seid ihr alle von meiner Energie getragen. Es ist die Stunde des verständnisvollen Herzens. Du kannst nun alles sagen, was dich berührt, und du kannst alles hören, was die anderen berührt. Es ist nun möglich, die Worte zu sprechen, die helfen loszulassen. Du kannst keine falschen Worte wählen, und auch die Worte, die du erfährst, erreichen nur dein Herz. Es sind Worte der Nächstenliebe, Botschaften der Liebe und des Herzens. Überreiche jedem, mit dem du dich ausgetauscht hast, eine rubinrote Rose, als Dank für die Liebe und das Loslassen.

Du wirst so in deinem Alltag erkennen, wie leicht es ist, bedingungslos zu lieben und loszulassen. Das ist die Liebe des Augenblicks.

✦ ✦ ✦ ✦ ✦

7. Strahl
Lenker oder Chohan: Saint Germain

Frühere Inkarnationen und Wirken: U. a. Graf St. Germain; Christoph Kolumbus; St. Alban; Josef, der Vater von Jesus; Christian Rosenkreuz; Francis Bacon; Prophet Samuel; Proclus

Strahlenfarbe: Violett

Lichttempel: Ätherisch in Transsilvanien (Karpaten)

Wochentag: Samstag

Chakra: Milzchakra

Erkennungsmelodie: *Wiener Walzer* von Johann Strauß

Musik für Energiearbeit: *Winnetou-Melodie* von Martin Böttcher

Elohim: Arkturus und Diana

Erzengel: Zadkiel und Amethyst

Aufgabenbereich: Transformation, Umwandlung, Freiheit, Karmaauflösung

Worte des Meisters Saint Germain

Geliebte Freunde,

auch meine Aufgaben im Sinne des violetten Strahls und der Aufnahme unserer Impulse sind vielfältig. Einerseits ist es eine große Aufgabe, euch ständig daran zu erinnern, wie wichtig es ist, Karma zu bearbeiten und zu transformieren. Auch wenn viele Menschen glauben, Karma sei ein veralteter Begriff und im Sinne eines neuen Zeitalters längst Historie, muss ich daran erinnern, dass es so alt ist wie die Menschheit und euch auch noch eine geraume Zeit begleiten und euer Leben prägen wird. Viele geistige Einflüsse lassen euch glauben, ihr hättet dieses Thema längst bewältigt, doch eure Lebensumstände holen euch immer wieder auf den Boden der Tatsachen zurück. Ursache und Wirkung sind präsent, bis der Mensch gelernt hat, alle auftauchenden Themen unverzüglich zu transformieren. Das ist möglich, doch bedarf es einer großen Stärke.

Ich habe euch aber auch dabei zu unterstützen, gerade im Sinne der Präzipitation die Projekte umzusetzen, das Produkt zu erschaffen, das Detail zu meistern, Ordnung zu schaffen und die letzten Schritte zu tun, damit ein Ergebnis greifbar wird. Es sind sozusagen die letzten Anstrengungen, die notwendig sind, den Erfolg zu garantieren.

Ein weiteres Thema meiner Arbeit ist es, euch dabei zu helfen, authentisch zu sein. Alles, was ihr zu erschaffen habt, soll originell und einmalig sein. Ich muss euch dazu anhalten, nicht in eine Routine zu verfallen, euch gegen Sitten und Gebräuche durchzusetzen, denn nur so könnt ihr etwas erschaffen, das nur euer Tun und eure Intelligenz widerspiegelt. Nur so könnt ihr einen wahren Erfolg verzeichnen.

Das korrekte Arbeiten mit mir ist sehr anstrengend, denn es ist oft leichter, etwas zu kopieren, andere die Arbeit für sich tun zu lassen, doch meine Freunde, es kommt irgendwann ans Tageslicht, und dann kann euch vieles wieder aberkannt werden oder verloren gehen. Wenn ihr also meine Unterstützung anfordert, zeige ich euch ganz klar den Weg in das korrekte Erschaffen, in eine Phase des authentischen Daseins. Das mussten auch wir in unseren Inkarnationen beweisen.

Die wahre Transformation in ein brauchbares Ergebnis erfordert eine große Stabilität, Selbstbewusstsein und den Wunsch nach dem Originellen. Auch die Magie ist auf dem violetten Strahl zu Hause. Wie immer sie genutzt wird, entscheidet ihr selbst, doch seid euch bewusst, sie kann euch eine Aura des Erfolgs verleihen, sie kann euch aber auch unglaubwürdig erscheinen lassen. Lasst mich euch helfen, das Detail zu meistern, ein Ergebnis zu erlangen, das seinesgleichen sucht und euch im Glanz des ruhmreichen Erfolgs erstrahlen lässt. Viele bekannte Persönlichkeiten haben euch immer wieder gezeigt, wie schnell der Erfolg und der Ruhm vorbei sein können, wenn die Schwächen an den Tag treten, wenn die Macht des Kopierens um sich greift, und wenn man Versprechungen nicht einhalten kann. Wir befassen uns mit den erreichbaren Tatsachen, mit dem Wahren und Authentischen.

Ich muss den Menschen hier oft ins Gewissen reden, und deshalb sind dann meine Impulse nicht gerade aufbauend. Ich erzeuge dann wirklich das schlechte Gewissen, aber ich weise auch den Weg in die Transformation. Immer wieder ist damit das Karma verknüpft. So muss ich die Themen spiegeln, Begegnungen in die Wege leiten und Erkenntnisse wachsen lassen. Ich bin immer wieder bestrebt, euch bei der Bewältigung der karmischen Strukturen zu helfen. Ich bin da, fordert meine Hilfe.

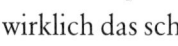

Meditation zum violetten Strahl

Du bist in deiner Ruhe angekommen. Deine Augen sind geschlossen und dein Atem fließt ruhig durch deinen Körper. Vor deinem geistigen Auge siehst du einen großen leuchtenden Amethyst. Stell dir vor, du stehst langsam auf, der Amethyst öffnet sich, und du kannst komplett in ihn hineinsteigen. Hinter dir verschließt er sich wieder. Du bist ganz aufgenommen von seiner Energie, du bist jetzt reine Transformation. Fühle nun in dir die Kraft der

Transformation. Gleich, was du zu bewältigen hast, es wird dir gelingen. Die Kraft der violetten Flamme durchströmt nun deinen ganzen Körper, alle Schichten deiner Aura. Lass vor deinem geistigen Auge Bilder erscheinen, Bilder aus alten Leben, Szenen, die dir zeigen, wo deine Blockaden zu suchen sind. Hülle alles ein in die Kraft der Flamme, damit du bereit sein kannst, die Herausforderungen der Transformation in deinem Alltag anzunehmen.

Du erkennst auch Wege, um deine Projekte erfolgreich zu Ende zu bringen. Menschen, die dir wichtig sind, mit denen einiges zu klären ist, erscheinen vor deinen Augen. Du empfindest die rechten Worte, die notwendigen Aktivitäten, um erfolgreich aus allem hervorzugehen.

Wenn du das Gefühl hast, gestärkt und gut gewappnet zu sein, verlasse den Amethyst wieder. Er öffnet sich, und du kannst mit Leichtigkeit heraustreten. Nimm seine Energie immer wieder in Anspruch. So wirst du authentisch.

8. Strahl
Lenker oder Chohan: Maha Chohan

Strahlenfarbe: **Aquamarin**

Lichttempel: **Physisch auf Sri Lanka unterhalb einer großen Teeplantage**

Wochentag: **Nacht von Sonntag auf Montag**

Chakra: **Zwischen Halschakra und Drittem Auge**

Erkennungsmelodie: *At Dawning* **von Cadman**

Erzengel: **Aquariel und Clarity**

Aufgabenbereich: **Unterscheidungsvermögen, Klarheit**

Worte des Maha Chohan

Geliebte Freunde,

ich habe im Sinne der Impulsaufnahme ein sehr sensibles Aufgabengebiet übernommen. Es geht um das Unterscheidungsvermögen und die Klarheit. Gerade hier bedarf es höchster Konzentration, wenn ihr mit mir zusammenarbeitet. In eurer schnelllebigen Zeit findet ihr oft nicht die Zeit, euch zurückzuziehen und zu konzentrieren, damit ihr unterscheiden könnt, was gut und richtig ist, was euch eher schadet oder in die Irre führt. Wir sehen sehr oft, dass der Mensch lange Phasen der fehlenden Orientierung durchläuft, sich quält mit halbherzigen Umständen und so natürlich viel Zeit verschwendet. Bedenkt, euer Leben ist endlich, jede Minute eures Daseins ist wertvoll, sollte sinnvoll genutzt werden. Der Drang nach Vervollkommnung, nach dem schnellen und problemlosen Erfolg, sei es im Beruf, in der Partnerschaft oder bei wertvollen Projekten ist so groß, dass die Klarheit keine Rolle spielt. Der Mensch riskiert durch vorschnelle Reaktionen eine unglaubliche Flut von Belastungen, die ihn alle Kraft kosten können. Wenn die Phase der Ernüchterung Einzug hält, ist der Mensch frustriert und kraftlos. Es dauert eine ganze Weile, bis er sich wieder stabilisiert, doch in der Zwischenzeit warten wieder neue Versuchungen auf ihn. Dadurch kumulieren sich aber auch die negativen Erfahrungen und Enttäuschungen.

Wichtig ist, dass ihr lernt, für ein paar Minuten in die Stille·zu gehen, wenn ihr neue Ziele setzt, wenn die nächste

Versuchung auf euch zukommt, um zu prüfen, ob es wirklich Sinn macht, diesen Weg einzuschlagen. Vielleicht ist es Zeit, auszuruhen, das Ziel zu überdenken oder besser zu formulieren. Manchmal ist es auch sinnvoll, darüber nachzudenken, ob man sich überhaupt das Richtige vorgenommen hat.

Gerade bei Streitigkeiten und Differenzen liegen oft Missverständnisse vor, falsche Kommunikation oder die saloppe Umgangssprache, die sehr verletzen und zerstören kann. Lasst euch die Zeit, die Dinge neu zu beleuchten, eure Anteile zu erkennen und somit Klarheit zu schaffen. So könnt ihr anders aufeinander zugehen und euch korrekt austauschen. Es lohnt sich, diesen Weg einzuschlagen; es mag sein, dass er ein wenig mehr Zeit und Energie kostet, aber ihr werdet auch anders betrachtet, als Wesen, die geradlinig und konsequent ihren Weg gehen.

Alle Aufgestiegenen Meister mussten diese Klarheit üben und integrieren, um ihren definierten Weg nicht mehr zu verlassen. Für manchen war es schwer, denn Anfeindungen und Intrigen führten mehr als einmal in Gefahren und schwierige Zeiten. Dennoch, es brachte ihnen mit den Aufstieg.

Ich bin gerne bereit, hier mit euch zu arbeiten, denn die Klarheit ist auch Instrument eures Geistes. Der Geist ist frei, in direkter Verbindung mit dem Licht und der hohen geistigen Ebene. Er kann sich weder irren noch euch überfordern. Seine Ausrichtung ist klar, er braucht auch kein Unterscheidungsvermögen. Demzufolge ist er das beste Hilfsmittel auf dem Weg der Klarheit.

Fordert meine Hilfe, doch ihr müsst bedenken, dass ich mit euch keine Umwege beschreiten kann. Ich muss euch alles klar vor Augen führen, es lohnt sich.

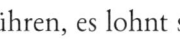

Meditation zum aquamarinfarbenen Strahl

Du hast deine Ruhe gefunden und bist ganz bei dir. Nichts kann dich stören oder ablenken. Konzentriere dich nun auf den Bereich zwischen Halschakra und drittem Auge. Fühle, wie sich hier alles weitet und klärt. Atme tief in diesen Bereich deines Kopfes. Beim Ausatmen spürst du, dass deine Nase und deine Nebenhöhlen immer freier werden. Auch deine Augen fühlen sich anders an.

Worüber brauchst du Klarheit? Was beschäftigt dich im Sinne des Unterscheidens?

Stelle dir nun vor, du wanderst alleine durch einen kleinen Wald. Es ist warm, du hörst nur den Gesang der Vögel und ein frischer Wind umspielt deinen Körper. Alles ist leicht und angenehm. Der Wald lichtet sich und du stehst vor einem glasklaren See. Du bist ganz alleine dort. Aquamarinfarben ist sein Wasser, du kannst bis auf den Grund schauen.

Setze dich ans Ufer und schau auf das Wasser, das ganz ruhig und klar in der Sonne ruht. Es gibt dir Kraft und Energie. Nun lasse alle Impulse fließen, die du brauchst. Ich bin da, um dir zu helfen, Klarheit zu erlangen. Es geht nicht darum, klare Gedanken zu fassen, nein, es geht darum, zuzulassen. Es mag sein, dass dich deine Impulse nicht unbedingt erfreuen, da sie dir zeigen, wo du Fehler machst, zu schnell entscheidest, dich beeinflussen lässt. Klarheit heißt auch konsequent sein, den Mut zum Nein zu haben. Lasse alles fließen und dann fasse deine Entschlüsse. Lasse sie so stehen und verändere sie nicht mehr, dann ist alles gut.

9. Strahl
Lenker oder Chohan: Jesus

Strahlenfarbe: Magenta

Lichttempel: Ätherisch über dem Heiligen Land

Wochentag: Nacht von Montag auf Dienstag

Chakra: Zwischen Halschakra und Herzchakra

Erkennungsmelodie: *Pilgrims Song of Hope* von Batiste

Musik für Energiearbeit: *A summer place* von Percy Faith

Erzengel: Anthriel und Harmony

Aufgabenbereich: Ausgleich, Harmonie, Gleichgewicht

Worte des Weltenlehrers Jesus

Liebe Lichtarbeiter,

im Rahmen des "Channelns" habe ich eine besonders angenehme Aufgabe. Ich freue mich immer wieder, euch dabei zu helfen, in eurer Mitte zu bleiben, in der Harmonie, und euer inneres Gleichgewicht wieder herzustellen. Ihr seid in eurem Alltag vielen Dingen ausgesetzt, die euch einfach nicht zur Ruhe kommen lassen. Viel Verantwortung, aber auch Anfeindungen, Krankheiten, Miseren und depressive Phasen führen dazu, dass ihr nicht mehr in eurer Mitte seid. Man kann euch dann sehr schnell verunsichern, verletzen und handlungsunfähig machen. Das ist oft gewünscht, gerade im Konkurrenzkampf, vor allem wenn es darum geht, der Stärkere zu sein. Jeder will das größte Stück des Kuchens für sich gewinnen.

Ob es euch am Arbeitsplatz einholt oder in eurem privaten Leben, unharmonische Zustände und das Ungleichgewicht können einen Menschen lähmen und aggressiv machen. Letzten Endes schadet ihr euch damit jedoch selbst, denn ihr werdet immer unkontrollierter, Hysterie bricht aus, und vor allem euer Herz leidet, energetisch und auch physisch. Sämtliche Zivilisationskrankheiten eurer heutigen Zeit haben hier ihren Ursprung.

Bitte fordert meine Hilfe, wenn ich euch helfen darf. Ich bin bereit, euch hier sehr starke Impulse zu liefern. Allerdings solltet ihr zur intensiven Meditation und Kontemplation bereit sein. Dennoch, selbst wenn ihr in einem Zustand des

Chaos seid, bin ich da und helfe euch, für das Herz "Erste Hilfe" zu leisten. Lenkt den magentafarbenen Strahl direkt in den Bereich der Thymusdrüse zwischen Hals- und Herzchakra. Ihr werdet sehen, wie schnell es hilft.

Der Rückzug, die Kontemplation sollte immer wieder geübt werden. Ich rate oft dazu, dafür ein paar Tage in einem Kloster zu verbringen, in der Stille und Abgeschiedenheit vom Alltag, eingebettet in das Dasein für Gott. Diese Lebensform muss nicht die eure werden, aber sie schenkt euch für kurze Zeit die Möglichkeit der inneren Einkehr. Je geübter ihr seid, umso schneller könnt ihr euch den Zustand auch im Alltag schaffen. Ein eigener Meditationsplatz, ein Raum der Stille in eurer Energie ist sehr wichtig dafür. In meiner Inkarnation seinerzeit fand ich auf dem Ölberg meine Ruhe für die Zwiesprache mit meinem Vater. Dort war ich ungestört, ich schuf mir diesen Raum des Gebets. Deshalb weiß ich, wie wichtig es ist, sich zeitweilig zu distanzieren. Nehmt euch das Recht, ich bin an eurer Seite.

★ ★ ★

Meditation zum magentafarbenen Strahl

Du bist in deinem Raum der Stille, nichts kann dich ablenken. Eine magentafarbene Kerze verbreitet ein angenehmes Licht der Wärme. Schließe deine Augen und konzentriere dich auf das, was dich belastet. Du willst in deine Mitte gelangen, in deine Harmonie und dein Gleichgewicht. Betrachte deine Sorgen und Probleme, sammele sie und lege sie in den kleinen Koffer, der vor dir steht. Sie werden dort für dich aufbewahrt, bis du in der Lage bist, dich ihnen gebührlich zu widmen. Niemand kann sie dir wegnehmen, aber sie sind dort gut aufgehoben.

Nun konzentriere dich auf den Bereich zwischen Hals- und Herzchakra. Was fühlst du? Ist es Beklemmung oder ein leichter Druck? Nimmt dir etwas den Atem, hast du vielleicht reale Schmerzen?

Während du nun einatmest, lässt du den magentafarbenen Strahl mit einfließen. Dein ganzer Oberkörper wird warm und angenehm durchflutet. Auch dein Herz erfährt eine eindringliche Wärme. Dein Rücken entspannt sich und du sitzt ganz locker auf deinem Kissen.

Wenn es Menschen gibt, die deine Probleme mit verursacht haben, kannst du sie jetzt einladen, dir zu begegnen. Bitte sie, dir gegenüber Platz zu nehmen. Dann biete ihnen diese Energie an. Du wirst sehen, dass niemand sie ablehnt, denn der magentafarbene Strahl ist Liebe und Harmonie pur. Hülle sie ein in diese Energie, lasse sie zu ihnen fließen. Es wird nicht gesprochen, alle schweigen und lassen zu. Später wirst du erkennen, welche Wirkung sich zeigen darf. Wenn du das Gefühl hast, dass alles bereinigt ist, bitte sie, dich wieder zu verlassen. Dann genieße die Energie meines Strahls solange du möchtest. Anschließend kommst du erfrischt und gestärkt zurück.

10. Strahl
Lenker oder Chohan: Kuthumi

Frühere Inkarnationen: U. a. Franz von Assisi, Kasper – einer der drei Heiligen Könige

Strahlenfarbe: Gold

Lichttempel: Ätherisch über Kaschmir / Indien

Wochentag: Nacht von Donnerstag auf Freitag

Chakra: Zwischen Herzchakra und Solarplexus

Erkennungsmelodie: *Kashmiri Song* von Finden

Musik für Energiearbeit: *Salomé* von Robert Stolz und *Orientale* von James Last

Erzengel: Valeoel und Peace

Aufgabenbereich: Innere Ruhe, Fülle, Reichtum, Geborgenheit

Worte des Weltenlehrers Kuthumi

Liebe Freunde,

ihr werdet vielleicht denken, dass mein Aufgabenbereich euer Leben mit Leichtigkeit positiv beeinflussen kann, doch das ist ein Irrtum. Für viele Menschen ist es nicht einfach, Fülle und Reichtum zu erlangen, eine innere Ruhe und Geborgenheit zu empfinden. Die Aspekte meines Aufgabenbereichs sind zu verwirklichen, doch sie sind ein Lohn für euere Anstrengung. Gerade auf dem Weg der Präzipitation erwarte ich euch auf der zehnten Stufe, das heißt, auf eurem Weg müsst ihr bereits vieles bewerkstelligt haben. Wer die Schwingung des goldenen Strahls intensiv aufnehmen möchte, muss vieles geleistet haben. Eure Projekte müssen umgesetzt sein, eine gewaltige Transformation muss stattgefunden haben, denn ansonsten werden diese Aspekte nicht gefühlt, geschweige denn gelebt. Die positiven Resultate all eurer Anstrengungen sind von hohem Wert, aber sie sind das Ergebnis.

Dennoch bin ich in der Lage, euch im Vorfeld einen Einblick in den Zustand zu gewähren, wenn der Weg zum Ziel positiv beschritten ist. Ich kann euch in der Konzentration mental und emotional dorthin führen und euch einen Einblick vermitteln, wie es sein darf, wenn ihr euch gebührlich angestrengt habt und euch auf der Zielgerade befindet.

Viele Menschen bezeichnen solche Impulse als Blick in die Zukunft, als Träumerei oder Ideale. Nichts davon ist realistisch, denn alles was ihr erreichen könnt, liegt in eurem

Plan, und was sich im Plan befindet, ist abrufbar und erkennbar. Es gibt keine Trennung zwischen Geist und Materie.

Was ich hauptsächlich damit ausdrücken will, ist die Tatsache, dass man sich Fülle, Reichtum und die Geborgenheit nicht einfach kreieren kann, man muss sie erschaffen, den Weg dorthin beschreiten. Ihr seht, ab dem zehnten, goldenen Strahl wird es schwieriger mit dem Visualisieren. Das ist ganz normal, denn wie ich schon sagte, es muss alles erst erreicht werden, um zu wissen, wie man sich dann fühlt. Deshalb biete ich euch an, euch in der Meditation an diesen Punkt zu führen, damit ihr selbst erkennt, dass alles möglich ist, was sich in eurem Plan befindet. Folgt mir in der Meditation.

★ ★ ★

Meditation zum goldenen Strahl

Suche dir deinen Platz der Ruhe und Stille, um mit mir in die Verbindung zu gehen. Vielleicht gibt es in der Nähe eine kleine Kapelle, die dir einen anderen Raum der Stille bietet. Das ist gut, denn so bist du in der Lage, dich vollkommen frei und gelassen auf etwas Neues einzulassen. Aber auch ein ruhiger Platz im Garten, an einem See oder auf einem Berg kann dir dienlich sein.

Du schließt deine Augen und lässt deinen Atem fließen. Der Bereich zwischen deinem Herzchakra und Solarplexus wird warm und weich. Die Wärme strahlt in deine Wirbelsäule hinein und richtet dich auf, sodass du dich stark und gestützt fühlst. Wie empfindest du dich nun selbst?

Du hast viel getan, um an dir selbst zu wachsen, du hast vielleicht ein wichtiges Projekt zum Abschluss gebracht, oder du stehst kurz davor. Alles ist geregelt, all deine Anstrengungen kannst du nun rückblickend verfolgen. Hast du vielleicht eine wichtige menschliche Thematik bereinigt, Frieden geschlossen, oder hast du dich zu großen Schritten entschlossen und dich mehr als einmal überwunden, große Hürden genommen? Wie war das alles für dich? Berichte mir in Gedanken davon, auch wenn du hin und wieder eine alte Schwäche oder Trauer spürst. Du wirst nun lernen, dich selbst zu bewerten in all deiner Schöpferkraft, damit du ein Gefühl für deine Leistungsbereitschaft bekommst, für dein grandioses Durchhaltevermögen. Ich will dir helfen, dich selbst zu belohnen und zu loben. Ein Mensch, der sich immer wieder bemüht, vergisst sich selbst anzuerkennen. Versuche es nun, stell dich ins Licht und leuchte in deinem Erfolg, auch wenn du noch nicht ganz am Ziel bist. Es tut dir gut. Wenn du das geschafft hast, öffnet sich ein Tor. Durchschreite es und gehe auf den kleinen Tempel zu, den du vor dir siehst. Er leuchtet golden in der Sonne. Während du ihn betrittst, spürst du, dass in dir ein großes Glücksgefühl wächst. Das ist das Gefühl von Erfolg, von Fülle und Reichtum, denn all diese Aspekte müssen zuerst im Inneren verankert sein, um sich dann dauerhaft in der Materie zu zeigen. Alles andere ist vergänglich. Diese Aspekte jedoch schlagen sich in deinem Lebensbuch als unwiderrufliches Potenzial nieder. Du wirst immer wieder davon profitieren.

Nun stellt sich die Geborgenheit ein; du weißt, niemand kann dir diesen Zustand wieder nehmen. Du musst ihn kultivieren und immer wieder daran arbeiten. Mit all diesen Eindrücken kannst du nun den Tempel wieder verlassen, durch das Tor zurückgehen und dich langsam wieder in der Materie finden. Du weißt nun, dass es erreichbar ist, dass alles gut wird, und dass du ein Recht darauf hast, glücklich zu sein. Werde glücklich.

11. Strahl
Lenker oder Chohan: Maitreya

Strahlenfarbe: **Pfirsich**

Wochentag: **Nacht von Donnerstag auf Freitag**

Chakra: **Zwischen Herzchakra und Solarplexus**

Erzengel: **Perpetiel und Joy**

Aufgabenbereich: **Freude, vollkommener Plan, göttliche Aufgabe**

Worte von Maitreya

Geliebte Lichtschüler,

ich kann mich Kuthumis Worten nur anschließen. Auch ich kann euch einen Ausblick in die Bereiche verschaffen, die sozusagen in der Zukunft liegen. Viele Menschen sehnen sich danach, endlich in ihrer Aufgabe anzukommen, die grenzenlose Freude der Erfüllung zu empfinden, zu wissen, sie folgen ihrem vollkommenen Plan. Es ist jedoch nicht möglich, diese Empfindungen in einem Menschen auszulösen, der sich noch auf dem Weg befindet, der noch mitten in seiner Präzipitation zu Hause ist, der sich vielleicht noch orientiert und ausprobiert. All das ist korrekt und hat seine Berechtigung.

Es wäre jedoch schade, müsste ich mit meinen Impulsen warten, bis der Mensch in der Vollkommenheit angekommen ist. So kann auch ich versuchen, euch das Gefühl zu vermitteln, wie es sein kann und darf.

Ihr müsst eines verstehen: In früheren Leben war es euch aufgrund des kurzen Lebenszeitraums in der Regel nicht möglich, diese Vollkommenheit zu erreichen. Der Mensch versuchte, sein Leben so gut wie möglich im Griff zu behalten, sich und seine Lieben zu versorgen. Hohe Ziele, das Hinterfragen der wahren Aufgabe, gepaart mit Freude, waren Themen, die nur wenigen Menschen zuteil wurden. Aus diesem Grund haben viele von euch überhaupt keine Vorstellung von dieser Stufe des Wachstums. Das ist sehr schade, doch es ist möglich, den Ausblick zu erlangen. Ihr dürft euch nur nicht wundern, wenn ihr alles, was ihr im "Channeling" mit mir wahrnehmt, als Utopie erkennt und einordnet. Es mag phantastisch sein, paradiesisch, aber der Weg dorthin verlangt euch einiges ab. Das absolut authentische Dasein, die intensive Arbeit auf allen anderen Stufen des Präzipitierens sind die Voraussetzungen dafür.

Alles, was ich euch so vermitteln kann, sind Empfindungen und Betrachtungsweisen, damit ihr euch in die Vollkommenheit einfühlen könnt. Dennoch lohnt sich dieser Ausblick, damit ihr den Mut niemals verliert und geradlinig euren Weg gehen könnt.

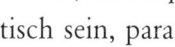

Meditation zum pfirsichfarbenen Strahl

Begib dich an einen Platz, der dir Ruhe, Stille und Wärme schenkt. Es ist gut, dich in eine Decke einzuhüllen, damit du eine absolute Einheit für dich bist.

Zünde eine Kerze deiner Wahl an und richte sie so aus, dass du in ihre Flamme blicken kannst. Dann schließe deine Augen und atme ruhig und gelassen.

Versuche nun, zwischen deinem Herzcharka und deinem Solarplexus eine pfirsichfarbene Kugel zu visualisieren, eine Kugel aus reinem Licht, schwerelos und aufbauend. Diese Kugel wird immer größer, sie dehnt sich so weit aus, dass du komplett von ihr aufgenommen wirst. Du bist jetzt in dir selbst ruhend, du hast dich für dich selbst ausgedehnt, in all deiner Größe und Würde. Niemand kann dir dieses Licht schenken außer du selbst, denn du wirst es erschaffen. Nur du selbst bist in der Lage, deine Freude zu kreieren, deine göttliche Aufgabe zu erlangen und deinen vollkommenen Plan zu erfüllen. Wir helfen dir dabei, aber du musst die Schritte tun. Versuche dieses Gefühl in deinem Solarplexus zu speichern, damit du es immer wieder vor Augen hast. Bitte das Licht, sich wieder zusammenzuziehen und als leuchtende Energiekugel in deinem Solarplexus Platz zu nehmen. Mache diese Übung immer wieder, damit du eines Tages in dir angekommen bist. Tue es nur für dich selbst, wachse in dich hinein. Du wirst sehen, du kommst an.

12. Strahl
Lenker oder Chohan: Sanat Kumara

Strahlenfarbe: Opal

Lichttempel: Shamballa

Wochentag: Nacht von Freitag auf Samstag

Chakra: Zwischen Sakralchakra und Wurzelchakra

Erkennungsmelodie: *Caprice Viennois* von Kreisler

Musik für Energiearbeit: *Slip into something more comfortable* von Kinobe

Erzengel: Omniel und Opalescence

Aufgabenbereich: Geistige Wiedergeburt, Transformation

Worte von Sanat Kumara,
dem Alten der Tage

Geliebte Aspiranten des Aufstiegs,

gebt mir im Rahmen meiner Aufgabe die Möglichkeit, eure geistige Wiedergeburt zu unterstützen, eure Transformation in euren Ursprung. Alles, was hinter euch liegt, soll Historie werden, beendete Kapitel all eurer Leben. Jede Präzipitation findet ein Ende. Euer Leben ist eure umfangreichste Präzipitation. Immer wieder geht ihr auf die Reise zu euch selbst, immer wieder versucht ihr, mit aller Kraft euer Karma zu bearbeiten, eurem Plan zu folgen und die Vollkommenheit zu erreichen. Jedes Wesen ist auf diesem Weg, auch wenn man es manchmal nicht glauben möchte, denn jeder von euch hat auch das Recht, Umwege zu wählen, sich in Sackgassen zu verlaufen; die Kurskorrektur ist immer möglich.

Euer atlantisches Wissen liegt euch zugrunde, all die unbewussten Erinnerungen und Potenziale sind lediglich verschüttet, verschleiert und vielleicht schwer zugänglich. Karma muss gelöst und beendet werden, damit sich der Kreis positiv schließen kann. Wie ich schon oft sagte, ist der Frieden im Innen und Außen die Eintrittskarte in ein neues Zeitalter. Wir alle sind damit beauftragt, euch auf diesem Weg zu begleiten, doch ihr müsst die erforderlichen Schritte tun.

Alles, was ihr jemals beherrscht habt, steht euch zur Verfügung. Es ist nicht unerreichbar. So ist es für euch auch machbar, die alte atlantische Beziehung zu leben, in Frieden,

Freude, Treue und Toleranz. Es liegt nur an euch, den Weg zu gehen. Das Tier als gleichberechtigter Partner sucht seinen Platz in eurem Herzen und eurem Zuhause. Wer dies beherzigt, wird ihm nie wieder etwas zuleide tun, geschweige denn, es als Teil der Nahrungskette betrachten. All das ist der Preis für die Wirkkraft des opalfarbenen Strahls.

Wir hören euch immer wieder Gründe formulieren, die vieles noch in weite Ferne rücken lassen. Warum tut ihr euch so schwer? Die atlantische Leichtigkeit des Lebens wäre euer aller Ziel, doch dazu gehört auch die Basis, die eigene Leichtigkeit und die Bereitschaft, den Weg korrekt zu gehen.

Schaut euch mit mir gemeinsam das Leben auf der Venus an. Vielleicht wird es dann leichter.

★ ★ ★

Meditation zum opalfarbenen Strahl

Achte darauf, dass du in einer aufrechten Haltung sitzt, nicht angelehnt und gut geerdet. Du bist gelassen und entspannt. Begleitet ein Tier dein Leben, dann schau, dass es in deiner Nähe ist. Wenn kein

Tier mit dir den Alltag teilt, visualisiere ein Tier, das dein Herz berühren könnte. Besitzt du eine Klangschale, aktiviere sie, ansonsten sollte dich eine leichte, gleichbleibende Musik begleiten.

Konzentriere dich auf dein drittes Auge. Gleichzeitig spürst du zwischen deinem Sakral- und Wurzelchakra eine leichte Drehung nach rechts. Vielleicht spürst du dort nun ein leichtes Kribbeln oder Druck, es kann sich auch über deine Wirbelsäule bemerkbar machen. Wenn nicht, ist es kein negatives Zeichen, alles wird sich einstellen, wenn die Zeit reif ist.

Nun gehe mit mir auf die Reise zur Venus. Du siehst vor deinem dritten Auge die Erde als blaue Kugel. Ihr gegenüber zeigt sich eine goldgelbe Planetenkugel, die Venus. Beide Planeten sind durch eine rosafarbene Acht verbunden. Während du auf dieser Acht von der Erde zur Venus wanderst, spürst du eine immer angenehmer werdende Wärme in dir. Sie strahlt durch deinen ganzen Körper.

Du kannst nun den goldgelben Planeten aus der Vogelperspektive beobachten. In diesem Moment bist du in einer anderen Schwingung, sie wird dir vom opalfarbenen Strahl geschenkt.

Du erkennst dich in einer uralten Energiestruktur, all deine Kräfte sind mobilisiert, du trägst in dir eine mächtige Liebe zu allen Tieren. Frieden umfängt dich, eine ungewohnte Ruhe und Sorglosigkeit. Nun siehst du auch all deine Fähigkeiten und Talente aus alter Zeit, Dinge, für die du dich schon lange interessierst, die nur keinen Platz in deinem Leben finden. Nimm dir vor, sie zu integrieren. Verweile dort, solange du es brauchst. Dann kehre auf der rosafarbenen Acht wieder zurück zur Erde und in deinen Körper. Besuche uns jederzeit, auch wenn du mich nicht siehst, ich bin da, um dich zu empfangen. Meine Liebe ist mit dir. Adonai, Sanat Kumara.

Über die Autorin

Die Autorin arbeitet seit 20 Jahren als Medium der großen Weißen Bruderschaft. Privatpersonen, Unternehmer und auch prominente Persönlichkeiten zählen in ihrem Institut Morya zu ihren Klienten. Nach drei unterschiedlichen Berufsausbildungen und Erfahrungen in vielen Branchen der Wirtschaft, die ihr die auf der Strecke gebliebene Menschlichkeit immer wieder spiegelten, zeigte sich die wahre Lebensaufgabe immer deutlicher. Eine intensive Ausbildung zur psychologischen Beraterin schuf dann zusätzlich den Rahmen für eine tiefgehende Arbeit mit Menschen, die sich heute in Einzelberatungen, Coachings, Seminaren und Workshops ausdrückt.

Verschiedene Bücher und CD's zum Thema "Arbeit mit den kosmischen Strahlen und dem uralten Atlantischen Wissen" sind in den letzten Jahren bereits erschienen.

Ziele und Auftrag sind: Menschlichkeit im gesamten Wirken und Sein aller Wesen unter Berücksichtigung des spirituellen Wachstums eines jeden Individuums, das diesen Weg gemäß des eigenen Rhythmus beschreiten darf. Ursache und Wirkung sind geistige Gesetze, die uns seit Menschengedenken begleiten und führen. Die Lehre der kosmischen Strahlen bildet mit die energetische Grundlage unserer Existenz. Sie sollte Bestandteil der menschlichen Bildung von Beginn an sein und uns durch alle Lebensphasen begleiten. Die gesamte Arbeit wird von den Aufgestiegenen Meistern getragen, ergänzt durch das Wissen der Hohen Priesterschaft aus Atlantis. Die Lehre der kosmischen Strahlen, die auch als esoterische Psychologie bezeichnet wird, bildet das Fundament ihrer gesamten Arbeit.

www.claire-avalon.de

Weiterführende Informationen zu
Büchern, Autoren und den Aktivitäten
des Silberschnur Verlages erhalten Sie unter:
www.silberschnur.de

Natürlich können Sie uns auch gerne den
Antwort-Coupon aus dem beiliegenden
Lesezeichenflyer zusenden.

Ihr Interesse wird belohnt!

248 Seiten, broschiert.
ISBN 978-3-89845-418-6
€ [D] 14.95

Claire Avalon

Was ihr sät das erntet ihr

El Morya und die Weiße Bruderschaft

Ist alles, was mir geschieht, die Konsequenz meines Handelns und meiner Beziehungen früherer Leben? Kann ich mich von den Fesseln meines Karmas befreien?

El Morya macht uns bewusst, wie Karma auf unser Leben wirkt und dass jeder Mensch die Möglichkeit hat, sein Karma positiv zu beeinflussen. Er erklärt sehr anschaulich, wie wir karmische Wunden heilen und zur Karmaerlösung sowohl auf irdischer als auch auf geistiger Ebene gelangen. Einfühlsam zeigt er uns, dass Gott in Güte und Liebe auf die Rückkehr jeder Seele wartet.

256 Seiten, Klappenbr.
ISBN 978-3-89845-373-8
€ [D] 16,95

Claire Avalon

Sanat Kumara und die Weiße Bruderschaft

Die Heimkehr der neuen Erde

Sanat Kumara, die Aufgestiegenen Meister und die atlantischen Priester sind in diesem Buch vereint, um uns zu erklären, dass die Zeit der Wandlung und der Augenblick für eine grundlegende Revision unseres Tuns gekommen ist. Sie geben die Anleitung, wie sich unser ursprüngliches Potenzial wieder in unserem Bewusstsein zeigen kann und wie wir neue Wege finden, die uns auf eine höhere Stufe führen.

Dieses Buch zeigt uns Entwicklungschancen, von denen wir bisher nichts ahnten. Ein Buch, das den Zugang zum höheren Bewusstsein öffnet und so unser wahres Potenzial aufzeigt.

Claire Avalon

Begegnung mit den Atlantischen Priestern

Band 1-4

In 4 Bänden erhalten Sie alle essentiellen Informationen über die Atlantischen Priester, die unsere Arbeit mit den zwölf Strahlen bereichern und intensivieren. In jedem Band werden drei Strahlen behandelt, zu denen die Atlantischen Priester einführen und Sie zurück nach Atlantis führen. Dort können Sie frühere Aufgaben, Talente oder Tätigkeiten betrachten, um neue Erkenntnisse zu gewinnen und diese in Ihren Alltag zu integrieren. Die Atlantischen Priester richten sich an Erwachsene und an Kinder. Sie stehen ihnen bei allen Lebensfragen und Problemen zur Seite und helfen ihnen, die Ziele ihrer Seele zu erreichen und ihr Leben geerdet und spirituell auszurichten.

Band 1-4, broschiert, im Schuber
ISBN 978-3-89845-492-6
€ [D] 59,95

Die Bände sind auch einzeln erhältlich:

Band 1	Band 2	Band 3	Band 4
Blauer Strahl, goldgelber Strahl, rosafarbener Strahl	Weißer Strahl, smaragdgrüner Strahl, rubinroter Strahl	Violetter Strahl, aquamarinfarbener Strahl, magentafarbener Strahl	Goldener Strahl, pfirsichfarbener Strahl, opalfarbener Strahl
296 Seiten, broschiert	312 Seiten, broschiert	296 Seiten, broschiert	312 Seiten, broschiert
ISBN 978-3-89845-488-9	ISBN 978-3-89845-489-6	ISBN 978-3-89845-490-2	ISBN 978-3-89845-491-9
€ [D] 16,95	€ [D] 16,95	€ [D] 16,95	€ [D] 16,95

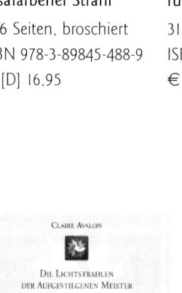

Claire Avalon

Die Lichtstrahlen der Aufgestiegenen Meister

4. Strahl – Serapis Bey

Diese Meditation führt uns in den Lichttempel des Aufgestiegenen Meisters Serapis Bey, wo wir Gelegenheit haben, den Weg der Klarheit zu beschreiten, um unser Bewusstsein auf allen Ebenen zu erweitern. Wir lernen, wie wir uns selbst begegnen können, um den Körper, die Gedanken und Emotionen zu klären.

CD, ca. 60 min., im Digipack
ISBN 978-3-89845-330-1
€ [D] 16,90

Claire Avalon

Die Lichtstrahlen der Aufgestiegenen Meister
Eine praktische Einführung

Jedes lebendige Wesen und alles, was in der irdischen Materie erschaffen wird, folgt den gleichen Gesetzen. Wir alle haben einen Lebensplan. Die kosmischen Lichtstrahlen sind dabei wie Energiebahnen, denen wir folgen, und Geist und Materie treffen sich immer wieder, um die Weichen neu auszurichten. Doch wer hütet unseren Plan? Die Aufgestiegenen Meister sind unsere Partner auf der geistigen Ebene, und sie helfen uns, die Ziele unserer Seele zu erreichen.

Dieses Buch zeigt uns, wie wir unser Leben – auch im Sinne von Ursache und Wirkung – geerdet und spirituell ausrichten können.

212 Seiten, mit farb. Abbildungen, broschiert
ISBN 978-3-89845-308-0
€ [D] 6.95

Georg Huber

Begrenzungen lösen – Heilung erfahren
Der Sieben-Schritte-Prozess zur Befreiung deines Selbst

Jede Krankheit, Angst, Emotion und jedes psychische Problem findet seine Ursache in emotionalen Verletzungen aus der Vergangenheit.

Der Sieben Schritte Prozess hilft, alte Muster, Ängste, Emotionen und körperliche Unpässlichkeiten anzunehmen und umzuwandeln. Diese wunderbar befreiende und heilende Methode lässt Sie Vergangenheit und Gegenwart in Einklang bringen, hilft alte Verletzungen zu heilen und Blockaden zu lösen.

Mit diesem Prozess finden Sie einen Weg, auf leichte und effektive Weise endlich Heilung zu erfahren.
Mit 3 Meditationen zum Download

160 Seiten, 2-farbig, broschiert
ISBN 978-3-89845-457-5
€ [D] 12.95

Edelgard Friedrich

Waren wir verabredet?
Wie Kinder ihre Eltern wählen

Die Beziehungen zwischen Eltern und Kindern wird leichter, wenn sie erkennen, dass sie sich bereits aus früheren Leben kennen und der Begegnung vor der Geburt zugestimmt haben – mit dem Ziel, dass beide dabei in ihrer Entwicklung vorankommen mögen.

Die Psychoanalytikerin Edelgard Friedrich fächert an zahlreichen Fallbeispielen problematische Eltern-Kind-Beziehungen auf und lässt den Leser die Konflikte in einem neuen Licht sehen. Die Frage »Waren wir verabredet?« werden Betroffene nach der Lektüre dieses Buches daher sicherlich mit »zum Glück« beantworten.

208 Seiten, broschiert
ISBN 978-3-89845-343-1
€ [D] 14.90

Corinna Thiel

Die weibliche Urkraft wiedererwecken

Entdecken Sie Ihre Kraft!
Dieses Buch begleitet Frauen, die sich auf den Weg der eigenverantwortlichen Entwicklung gemacht haben, die Änderungen in ihrem Leben und Alltag vollziehen möchten, um sich ein glücklicheres, erfüllteres Dasein zu schaffen.

Um diese Frauen zu stärken, hat Corinna Thiel die Botschaften weiblicher Göttinnen und weiblicher Engelenergien empfangen – Botschaften, die tiefe Wahrheiten des weiblichen Seins an die Oberfläche bringen, um gehört, beachtet und gelebt zu werden. Mithilfe dieser Energien finden Sie zu Ihrer eigenen weiblichen Kraft zurück, liebevoll gefördert und angeleitet durch die Hüterinnen des ursprünglichen Wissens einer jeden Frau.

120 Seiten, 2-farbig, broschiert
ISBN 978-3-89845-435-3
€ [D] 12.95